L'EXALTÉ,

OU

HISTOIRE

DE GABRIEL DÉSODRY,

SOUS L'ANCIEN RÉGIME,
PENDANT LA RÉVOLUTION,
ET SOUS L'EMPIRE;

PAR L.-B. PICARD,
DE L'ACADÉMIE FRANÇAISE.

SECONDE ÉDITION.

Tome Troisième.

Paris.

BAUDOUIN FRÈRES, LIBRAIRES,
RUE DE VAUGIRARD, N°. 36.

1824.

L'EXALTÉ,

ou

HISTOIRE

DE GABRIEL DÉSODRY.

TOME TROISIÈME.

IMPRIMERIE DE FAIN, PLACE DE L'ODÉON.

L'EXALTÉ,

OU

L'ISTOIRE

DE GABRIEL DÉSODRY,

SOUS L'ANCIEN RÉGIME,
PENDANT LA RÉVOLUTION,
ET SOUS L'EMPIRE;

PAR L.-B. PICARD,

DE L'ACADÉMIE FRANÇAISE.

SECONDE ÉDITION.

Tome Troisième.

PARIS,

BAUDOUIN FRÈRES, LIBRAIRES,

RUE DE VAUGIRARD, N°. 36.

1824.

HISTOIRE

DE

GABRIEL DÉSODRY,

RACONTÉE

PAR SON AMI PIERRE AUBIN.

SUITE

DE LA SECONDE PARTIE.

LIVRE III.

CHAPITRE PREMIER.

Visite imprévue.

Depuis près d'un an que j'avais quitté Paris, je vivais tranquille à Montereau, partageant mon temps entre les travaux de mon état et les soins que je donnais à l'éducation de mes enfans et de ceux de Désodry. Malgré le discrédit de plus en plus effrayant des assignats,

ma fortune était bien au-dessus de mes
désirs. Les persécutions et l'esprit dé-
magogique avaient envahi les provinces.
Il n'y avait pas de petite ville qui n'eût
son club, sa société populaire. Nous
avions la nôtre; mais long-temps, les
honnêtes gens y furent en force.

Un jour, je reçus la visite d'un de
mes anciens camarades de l'école de
médecine. Il se nommait Renou; il passait à Montereau et se rendait à Paris.
Il avait appris à l'auberge que j'habitais
la ville; je me le rappelai parfaitement.
Jeune encore, il s'était distingué dans
ses cours. Je me souvins qu'entre camarades, nous lui reprochions le petit
ridicule d'être trop recherché, trop élégant dans sa parure. Cependant je ne
fus point surpris de le voir vêtu d'une
de ces vestes qu'on appelait des carmagnoles et la tête couverte d'un gros bonnet garni de poil. Outre qu'il était en
voyage, c'était le costume du jour; pres-

que tout le monde le portait; les uns
par goût, les autres par peur. J'embrassai Renou avec toute la joie qu'on
éprouve en revoyant un ancien com-
pagnon d'études. Il répondit à mon accueil avec une brusque cordialité et
en me serrant fortement la main. Il
ne devait passer qu'un jour à Montereau; je le suppliai de ne pas rester à
l'auberge et de venir loger chez moi. Il
accepta sans trop se faire presser.

Presque aussitôt, je me repentis de
mon offre amicale. Il m'interrogea sur
mes opinions; je répondis avec pru-
dence, comme il le fallait à cette époque; mais ma réponse m'attira une profession de foi du citoyen Renou, qui
m'épouvanta. C'était un forcené déma-
gogue; il venait de faire une tournée
dans les départemens; il était en quête
des conspirateurs et des contre-révolu-
tionnaires. Que devins-je lorsqu'il m'apprit qu'un des plus coupables à ses yeux

était l'infâme Désodry, auteur et propriétaire d'un journal fort répandu et notoirement entaché de modérantisme! Il l'avait dénoncé dans sa correspondance; « et d'après mes calculs, ajouta-» t-il, ledit Désodry ne peut manquer » d'être arrêté par mesure de sûreté » générale. Dans tous les cas, je conti-» nue ma route pour Paris, et je te ré-» ponds qu'à mon arrivée, je ne le lais-» serai pas échapper. » A ces odieuses paroles, je frémis; mais combien je me félicitai d'avoir retenu chez moi le citoyen Renou! J'eus assez de présence d'esprit pour ne laisser paraître aucun trouble. Je prévins ma femme qui, toute alarmée du danger de son frère, sentit combien il était important de se contenir. Sans que mon hôte s'en aperçût, je pris toutes mes mesures. Il était midi; il ne devait repartir que le lendemain à sept heures du matin; il n'était pas fâché, en passant à Montereau, de visi-

ter le club. Je lui dis indifféremment que je me ferais un plaisir de l'y présenter. Nous nous mîmes à table. Quels efforts il me fallut pour comprimer mes inquiétudes! ma femme dévorait les siennes, et faisait politesse à Renou. Cet homme, que je venais de voir si impitoyable, contemplait avec sensibilité ma jeune et nombreuse famille. Nous nous gardâmes de lui dire que trois des enfans qu'il voyait avaient pour père ce Désodry qu'il poursuivait avec fureur. Il nous parla de son fils, de sa fille, de sa femme, qu'il paraissait tendrement chérir. Que d'autres comme lui ont été féroces en révolution, et bons, vertueux même dans leur vie domestique! Ils s'apaisaient, ils revenaient aux doux sentimens de la nature en se retrouvant dans leur famille.

Vers le milieu du dîner, mon jardinier, qui me servait de domestique, entra et me remit une lettre. Elle était

de la femme d'un cultivateur de Ville-
neuve-la-Guyard sur la route de Sens.
La pauvre femme me suppliait de venir
à l'instant voir son mari qui était bien
malade. J'exprimai combien j'étais con-
trarié d'être obligé de quitter mon ancien camarade , de ne pouvoir le présenter au club. « Que cela ne te gêne
» pas, me dit Renou; va voir ton ma-
» lade ; tâche de le guérir, surtout si
» c'est un bon patriote ; et je saurai
» bien me présenter tout seul à ton
» club. Diable ! » ajouta-t-il en parcou-
rant la lettre que je lui avais commu-
niquée pour mieux écarter les soupçons, « quoiqu'un peu brouillé avec la
» médecine, je vois aux symptômes
» qu'annonce la bonne femme que tu
» n'as pas un moment à perdre. » La
lettre était en effet assez bien faite
pour qu'il pût s'y tromper; ainsi, lui-
même m'engageait à partir. Il était deux
heures ; je donnai ordre qu'on attelât

mon cheval. J'espérais bien, lui dis-je, être de retour vers le milieu de la nuit et déjeuner avec lui avant son départ. Il me vit monter en voiture et me souhaita un bon voyage. Je pris au petit trot la route de Sens. Mais, en sortant du faubourg, je changeai brusquement de direction, et je suivis, en pressant mon cheval de toutes mes forces, la route de Paris. J'arrivai à Melun ; mon cheval était en nage. Je le laissai dans une auberge, et je pris la poste. Je prodiguais aux guides les assignats et même les petits écus. Il était près de dix heures du soir lorsque je descendis à Paris chez Désodry.

Il n'était pas rentré : je tremblais qu'il ne se fît attendre ; heureusement, je le vis arriver avec son ami Duclair. Ils venaient de l'imprimerie : Duclair riait aux éclats d'une facétie qui devait paraître dans leur feuille du lendemain, et déconcerter certain patriote faux et

exagéré ; Désodry se félicitait gravement d'être pour le peuple une vigi-
lante sentinelle.

Quelle fut sa surprise lorsqu'il m'a-
perçut, et combien elle fut plus grande
encore quand je lui appris le motif de
mon voyage! Il ne pouvait me croire.
Il était persuadé que ce Renou m'avait
trompé, qu'il s'abusait ; il était impossible qu'on songeât à l'arrêter ; et, quand
on en viendrait à cet excès d'injustice,
ajoutait-il, il ne pouvait en résulter
pour lui qu'une grande gloire. Du fond
de sa prison, devant les tribunaux, il
ferait pâlir ses accusateurs. « Oh ! si
» une fois vous étiez en prison, » dit
Duclair qui, depuis le commencement
de l'entretien, était devenu sérieux, et
gardait le silence... « Permettez,... il
» n'est pas encore trop tard pour obte-
» nir des renseignemens... Attendez-
» moi ; je suis de retour dans vingt
» minutes. » Il sortit précipitamment.

Son brusque départ m'inquiéta : dans ces temps de terreur, on avait tout à craindre. Je pressai Désodry de partir, de quitter Paris sur-le-champ sans attendre le retour de Duclair ; je m'impatientais, je me désolais de ce qu'il ne voulait pas y consentir... Duclair nous tint parole ; nous le vîmes revenir fort agité.

« Vous n'avez pas un instant à per-
» dre, nous dit-il. Moins confiant
» que vous, mon cher Désodry, et crai-
» gnant que notre journal, si indépen-
» dant, et si hostile pour les factieux,
» puisqu'il est modéré, ne nous attirât
» quelque fâcheuse aventure, j'avais
» prudemment conservé des inteiligen-
» ces dans les alentours des autorités :
» je viens d'en profiter. Il n'y a rien con-
» tre moi, et c'est ce qui a empêché
» qu'on ne m'avertit. Mais, ce soir même,
» un mandat d'arrêt a été signé contre
» vous, et il doit être mis à exécution

» demain au point du jour. Partez avec
» M. Aubin ; moi , je passe la nuit dans
» votre appartement, je mets en sûreté
» vos effets, vos bijoux, tout ce que
» vous possédez : j'ai votre procuration ;
» dès demain j'en fais usage pour vous
» assurer vos rentrées, vos recouvre-
» mens. Je vous donnerai de mes nou-
» velles aussitôt que je le pourrai, sans
» nous compromettre tous les deux.
» Partez, fuyez ; qui sait si les espions
» n'entourent pas déjà votre maison ? »
— « Quelle horreur ! s'écria Désodry.
» Un mandat d'arrêt contre moi ! moi,
» philosophe, patriote, philanthrope !..
» moi qui, sous l'ancien régime, m'é-
» tais rendu digne d'une lettre de ca-
» chet ! Voilà donc la récompense de
» mon dévouement à l'humanité ! »
Nous l'entraînâmes à ma voiture. A prix
d'or, j'avais obtenu du postillon qu'il
restât avec ses chevaux attelés. Je tremblais que cet homme ne nous trahît ;

heureusement, il n'en fut rien. J'avais calculé que je pouvais être de retour avant le réveil de Renou, que c'était chez moi qu'il fallait cacher Désodry, tandis que Renou irait le chercher à Paris, et ne pourrait se douter que l'homme qu'il poursuivait avait pour asile la maison où lui-même avait passé la nuit. De nouveau, je pressai les guides ; je repris mon cheval à Melun : dix heures de repos lui avaient rendu toute sa vigueur. Il était six heures du matin lorsque, par des routes détournées, nous arrivâmes à Montereau.

Renou dormait encore ; mais ma femme avait veillé toute la nuit ; elle nous attendait, avec Marguerite, à une petite porte de jardin donnant sur la campagne. Quelle fut sa joie, lorsque, le jour paraissant à peine, elle entendit de loin le bruit de la voiture ! Tremblante de crainte et d'espérance, elle courut au-devant de nous. Quels furent

ses transports lorsqu'elle vit son frère,
son cher frère, se précipiter dans ses bras!

Tandis que ma femme conduisait
mystérieusement son frère dans un petit bâtiment abandonné, au fond du jardin, je fis le tour de la ville ; je rentrai
par la route de Sens, et j'arrivai à la
grande porte de ma maison au moment où le citoyen Renou venait de
s'éveiller.

Je m'empressai de me transporter
auprès de mon hôte, et de lui demander comment il avait passé la nuit.
« Fort bien, » répondit-il ; et me serrant la main comme la veille, avec une
brusque cordialité, il me parut touché
de toutes les attentions que ma femme
et ma mère avaient eues pour lui pendant mon absence. Il me demanda des
nouvelles du malade que j'avais été
voir. « Grâce au ciel! je le crois hors de
» danger, » lui dis-je. Ma femme vint
nous avertir que le déjeûner nous at-

tendait; elle était rayonnante; elle m'embrassa, comme si elle me voyait pour la première fois depuis mon retour. « Si vous saviez, » dit-elle à Renou, « combien mon cher Aubin est » content quand il peut sauver un de » ses malades, et celui qu'il a été voir » surtout;... c'est un si honnête hom- » me ! » — « Oui, » ajoutai-je, « et un » bien sincère patriote. Mais, déjeù- » nons. »

Nous étions aussi pressés alors de hâter le départ de notre hôte, que jusquelà, nous l'avions été de prolonger son séjour. Encore plus ému que la veille par le tableau de l'intérieur de mon ménage, par la grâce et la gaieté des cinq enfans qui nous entouraient, Renou nous tint des discours pleins de raison et de bonté. Une vie d'aventurier, une grande intempérance de passions, l'avaient jeté dans l'exagération révolutionnaire; il se rappelait, non sans attendrissement, les leçons du bon docteur Thierry ; puis, tout en causant, tout en buvant, il en vint jusqu'à plaindre les aristocrates, contre lesquels il se croyait obligé de déployer tant de rigueur. « Mais, » ajoutait-il, « pour arriver au » bien général ne faut-il pas quelques » malheurs particuliers ? » Hélas ! il raisonnait comme j'avais entendu raisonner le pauvre Désodry, caché maintenant à quelques pas de son persécuteur. Renou continua ; il m'assura qu'il était doux et indulgent pour ceux qui l'imploraient. Séduit par la bonté de son âme qui semblait renaître, le voyant susceptible de quelque générosité, je fus un moment tenté de me confier à lui. Que je me félicitai de n'avoir pas cédé à ce premier mouvement ! Son accès de bonté dura peu. Tout à coup, en fronçant le sourcil, et élevant la voix. « Mais si l'on peut avoir quelque » pitié, » dit-il, « pour les ci-devant

» nobles qui, nés au milieu des préju-
» gés, ayant reçu une sotte éducation,
» regardaient leurs priviléges comme
» des droits, point de grâce, point de
» pitié pour ces modérés qui nous ont
» trompés en prenant le masque du pa-
» triotisme. Or çà ! hier au soir, j'ai été
» à votre club. Sais-tu que j'en suis très-
» mécontent ? j'ai remarqué une cer-
» taine tendance au fédéralisme. » N'é-
tait-il pas déplorable d'entendre un
homme dont l'esprit naturel avait été
orné de quelque instruction, profé-
rer les mêmes sottises, les mêmes
férocités que les plus forcenés et les
plus ignorans démagogues ? « Au sur-
» plus, » continua-t-il, « mon lan-
» gage énergique a tout à la fois effrayé
» vos modérés et rendu le courage à
» quelques bons frères que j'ai trouvés
» là, et qui sont à la hauteur. » En effet, malgré tous nos efforts, il s'était
glissé dans notre club quelques mau-

vais sujets que nous comprimions avec
peine. « J'ai promis à ces braves gens, »
ajouta Renou, « que je vous surveille-
» rais, et je n'y manquerai pas. Adieu,
» citoyen Aubin ; je te remercie de l'a-
» gréable journée que j'ai passée dans
» ta famille. Je suis bien aise que ton
» malade soit hors de danger. Je m'ar-
» rêterai deux heures à Melun pour vi-
» siter les autorités et les principaux
» membres de la société populaire. Ce
» soir, je serai à Paris, où j'espère bien
» trouver l'infâme Désodry incarcéré. »
Puis, se tournant vers ma femme et ma
mère : « Citoyennes, salut. » Il monta
en voiture, en vociférant des imprécations contre les modérés.

　Je courus au petit bâtiment où Désodry était réfugié ; ma femme m'y suivit avec les enfans, et Désodry oublia
un instant ses peines, en se voyant entouré de tant de personnes qui lui
étaient chères.

CHAPITRE II.

Désodry chez son ami.

Nous reçûmes des nouvelles de Duclair. Il nous apprit que le lendemain de notre départ, à la pointe du jour, on n'avait pas manqué de venir pour exécuter le mandat d'arrêt; que, ne trouvant pas Désodry, on avait mis les scellés partout; mais qu'heureusement il avait su profiter, en homme habile, et en bon ami, de la nuit qu'il avait devant lui; que tous les effets les plus précieux de Désodry étaient déposés chez Suzette Pinson, cette honnête grisette, dont ils avaient fait la connaissance aux travaux du Champ-de-Mars, et chez qui nous pouvions les faire réclamer. Il ajoutait que, grâce à la procuration

1*

de Désodry, il était parvenu à recouvrer tout ce qui lui était dû. Cependant,
Duclair avait cru prudent de renoncer
au journal, et même de ne pas reparaî-
tre à l'imprimerie; il avait pensé que son
amitié pour Désodry pouvait le rendre
lui-même suspect, surtout au moment où
Désodry, par sa fuite, échappait aux
recherches. Il avait d'autant mieux fait,
qu'un des premiers soins du citoyen
Renou, en arrivant à Paris, avait été
de s'emparer du journal de sa propre
autorité, et de le continuer, sous le
même titre, dans un sens tout opposé.
Duclair craignait peu les poursuites
qu'on pourrait diriger contre lui; il
avait, nous écrivait-il, des moyens sûrs
de s'y soustraire. Il espérait sous peu,
après avoir réglé ses comptes avec Désodry en homme d'honneur, mener une
vie tranquille et augmenter tout dou-
cement la petite fortune qu'il avait
loyalement commencée par ce journal

si injustement persécuté, si effronté-
ment usurpé.

Ainsi, Désodry se trouvait encore à
la tête d'une fortune suffisante; mais
combien sa vie était triste et inquiète!
Hélas! elle fut encore moins affreuse
que celle d'une foule d'hommes et de
femmes obligés comme lui de se cacher.
Il ne pouvait sortir, il ne pouvait prendre l'air que dans un jardin étroit
et resserré; il ne fallait pas laisser apercevoir de lumière dans le petit bâtiment qu'il occupait. Si quelquefois,
quand nous étions seuls, il se hasardait
à rester avec nous au salon, c'était en
éprouvant toutes les transes d'un homme
qui craint d'être découvert. Si l'on frappait à la porte, il fallait qu'il prît rapidement la fuite à travers le jardin; et,
du fond d'un bosquet, il observait avec
inquiétude quelle était la personne qui
avait frappé. Mais, au moins, il avait
un asile, un asile chez sa sœur, chez

son ami! Combien n'ont pu trouver de
retraite, ont erré misérablement dans
les bois, sur les routes, exposés à toutes
les horreurs du besoin!

Le citoyen Renou avait été fidèle à la
parole qu'il m'avait donnée de régénérer
notre société populaire. Les bons frères
qui étaient dans notre sein, et dont il
admirait le brûlant patriotisme, lui
avaient écrit; il avait répondu; il avait
signalé dans son journal le patriotisme
équivoque de certains membres de la
société populaire de Montereau, en élevant jusqu'aux nues le zèle ardent des
bons citoyens qui étaient entrés en correspondance avec lui. Dès lors, ces pré-
tendus citoyens étaient devenus les do-
minateurs du club. Vainement, aidé
de quelques honnêtes gens, avais-je
voulu m'opposer à leurs efforts; il m'é-
tait arrivé ce qui ne manqua jamais
d'arriver à cette époque aux honnêtes
gens qui eurent le courage de tenir

tête aux anarchistes ; je fus publiquement dénoncé. Il fallut toute l'amitié, toute la reconnaissance, que m'avaient méritées quelques services rendus à la basse classe du peuple, il fallut tout le souvenir de l'estime qu'on gardait à la mémoire de mon père, pour me sauver des persécutions. Que ne se fût-on pas permis, si l'on eût su que je cachais dans ma maison un homme contre lequel il y avait un mandat d'arrêt ! Désodry était instruit des mauvaises dispositions de certains membres de la société populaire contre moi ; il trembla que son séjour ne me devînt funeste. Il voulut fuir ; sa sœur et moi, nous eûmes beaucoup de peine à le retenir.

Quelques mois après son arrivée, je fus très-étonné de voir une chaise de poste s'arrêter à ma porte, et un homme en grand uniforme d'officier d'état-major, en descendre et venir

gaîment à moi d'un air de connaissance.
Je le regardais, et j'avais peine à le
reconnaître: c'était M. l'avocat Duclair.
Je m'empressai de le conduire à son ami
Désodry. Duclair nous apprit que, depuis la fuite de ce cher Désodry, il avait
eu sa bonne petite part de persécutions: «Mais, «nous dit-il», avec du sang
» froid , de l'adresse , un peu d'impu-
» dence , un peu d'argent et les bons
» offices de cette petite Suzette, qui est
» vraiment une bonne créature, je suis
» parvenu à mettre en défaut tous les
» limiers de la police révolutionnaire ;
» et me voilà , en qualité d'officier d'é-
» tat-major, attaché à un général qui
» va commander une division de l'ar-
» mée des Alpes. C'était un devoir, c'é-
» tait un besoin pour mon cœur, de ve-
» nir embrasser mon ami Désodry et
» régler mes comptes avec lui. » Le résultat de ces comptes était fort avanta-
geux pour Désodry, d'autant plus que

tout était réalisé, que tout était en nu-
méraire : je ne sais comment Duclair
avait fait pour se procurer de l'or dans
un moment ou on n'en voyait nulle part.
Il resta quatre heures avec nous ; et ,
pendant ces quatre heures, il n'y eut que
pour lui à parler. A table, il me sembla
qu'il cherchait à se griser pour mieux
s'étourdir sur la situation de la France.
D'un ton leste et léger, qui contrastait
avec la tristesse que les événemens du
jour répandaient dans les âmes, il donnait à Désodry des nouvelles des personnes qu'il avait laissées à Paris. «Ce petit
» marchand, ce Rémy, que vos bienfaits
» avaient établi sous les galeries de bois
» du Palais-Royal.... du Palais-Égalité,
» veux-je dire, je me trompe toujours.»
—« Eh bien !»—«Eh bien , après avoir
» acheté, vendu, racheté, je ne sais
» combien de propriétés nationales , il
» s'est jeté dans les grosses fournitures;
» le voilà l'un des premiers munition-

» naires des armées , et jouissant d'un
» grand crédit près le comité de salut
» public. » — « En vérité?»—«Oui. Et
» cet ivrogne de Froment ! » — « Ah ! le
» pauvre homme! s'écria Désodry; c'est
» celui-là qui m'a toujours témoigné
» une vive reconnaissance ! mais , que
» peut-il?»—«Comment, ce qu'il peut!
» d'abord, sous le nom de Socrate, il est
» membre du comité révolutionnaire
» de sa section ; de plus, il vient d'être
» nommé commissaire aux inventaires
» des biens d'émigrés , et il y gagne jo-
» liment sa vie. Nous nous sommes mo-
» qués de ces hommes du peuple exal-
» tés ; nous les avons méprisés comme
» les grands nous méprisaient , et les
» voilà nos maîtres. Singulière républi-
» que que la nôtre ! Nos patriotes en-
» tendent le mot républicain d'une ma-
» nière toute opposée à celle dont les
» anciens l'entendaient. Chez les an-
» ciens, être républicain , signifiait sa-

» crifier tout à la chose publique. Chez
» nos gens, cela veut dire, tirer de
» la chose publique le meilleur profit
» pour son propre compte. » Comme
il parlait ainsi, Marguerite effrayée
vient nous annoncer plusieurs membres de la société populaire. Désodry
n'a que le temps de s'enfuir dans le
jardin, et mon jardinier introduit les
citoyens.

Ils avaient appris qu'un officier supérieur était chez moi, et ils venaient lui
rendre visite. Je remarquais dans leurs
yeux une certaine défiance, un certain
désir de trouver suspect ou moi, ou
mon hôte. Sans y mettre trop d'égards,
ils lui demandèrent son passe-port.
« Vive la république ! » s'écria aussitôt
Duclair d'un ton d'énergumène, en prenant sa voix d'orateur, et déployant
une pancarte couverte de timbres, de
cachets et de signatures. « Quelle gloire
» pour ma patrie d'être peuplée de ci-

» toyens magnanimes, énergiques, in-
» flexibles et désintéressés comme les
» anciens Romains! » Il continua sur le
même ton. Ma femme s'empressa de
verser à boire aux citoyens, comme elle
n'y manquait jamais quand l'un d'eux
venait me voir. Ils sortirent enchantés
du patriotisme de l'officier supérieur.

Désodry reparut : Duclair revint à son
ton naturel, et, sans se déconcerter,
reprit le langage railleur et modéré
qu'il tenait avant l'arrivée des membres
de la société populaire. « Il faut s'ac-
» coutumer aux circonstances, nous
» dit-il. J'ai voulu marcher à la gloire
» et à la fortune comme avocat, comme
» journaliste; maintenant, je vais à
» l'armée chercher encore la fortune
» et la gloire. Je m'y montrerai en bra-
» ve; mais, entre nous, je ne compte
» pas y rester long-temps militaire :
» c'est comme administrateur surtout
» que je me sens capable d'y briller.

» Grâce à mon général que je mènerai,
» comme j'en ai mené tant d'autres, je
» serai bientôt commissaire des guerres;
» que je devienne ensuite commissaire
» ordonnateur, ou gros fournisseur
» comme le petit Rémy, c'est tout ce
» que je demande. Adieu, mon cher
» Désodry : courage, patience. Les
» temps sont durs; ils sont affreux,
» mais ils s'éclairciront. Il est impossi-
» ble que cela dure. » Il partit.

« Oui, il est impossible que cela dure, »
me dit Désodry. — « Hélas ! lui répon-
» dis-je, tel est l'espoir de tous les
» mécontens, de tous les opprimés;
» et les sujets de mécontentement et
» l'oppression ne durent que trop long-
» temps. »

Un seul homme, outre Duclair, savait que Désodry était caché chez moi :
c'était son oncle, le bon monsieur Lecoq.
Duclair nous avait apporté une lettre
de lui. Il s'en fallait qu'il se résignât

aussi légèrement que Duclair à tout ce
qui se passait : il engageait son neveu à
se cacher avec plus de soin que jamais.
Pendant le souper, je fus bien étonné
d'entendre Désodry nous dire que son
oncle Lecoq était un poltron, et nous
déclarer qu'il était résolu à partir le
lendemain pour Paris. Les fonds que
lui avait remis Duclair, ce qu'il lui
avait dit de ses anciens amis, lui rendaient toute sa confiance. Il avait déjà
eu le bonheur de rencontrer un bon
ami comme Duclair, qui l'avait aidé
dans ces circonstances fâcheuses autant
qu'il l'avait pu ; il ne pouvait manquer
d'en trouver d'autres parmi tant de
gens qu'il avait obligés, et qui s'étaient
toujours proclamés si reconnaissans.
Il y avait surtout ce Rémy, ce Froment.... Puisqu'ils avaient du crédit,
de la puissance, ils le serviraient ; ils
trouveraient le moyen de faire annuler
cet odieux mandat d'arrêt; ils le place-

raient loin des dangers, dans quelque province, à l'armée, comme Duclair. « Ils ne m'abandonneront pas, disait-» il, non, ils ne m'abandonneront pas; » je suis tranquille, bien tranquille. » En prononçant ces mots, il portait son verre à ses lèvres; sa main tremblait, son verre frappait contre ses dents, et son tremblement démentait la sécurité qu'il voulait et qu'il croyait avoir. Il réfléchit quelques momens; puis, reprenant courage : « N'importe, » nous dit-il, « quel que soit le danger, j'irai à » Paris : là, du moins, je n'aurai pas à » craindre à la fois et pour vous et pour » moi. Je pense comme Duclair : il est » impossible que cela dure. D'ailleurs, » je suis sûr de mes amis. » Le voyant absolument décidé malgré tous mes efforts, je lui déclarai que je l'accompagnerais. Il voulut à son tour me détourner de mon projet; j'insistai. Ma femme se joignit à moi; elle craignait par des-

sus tout les imprudences de son frère,
elle désirait que je veillasse sur lui : il
fallut bien que Désodry se rendît.

Malgré toutes les petites dénoncia-
tions faites contre moi par les bons amis
du citoyen Renou, comme la commune
de Montereau n'était pas encore parve-
nue à la plus grande hauteur révolutionnaire, j'y avais conservé quelque
crédit. Je trouvai le moyen de faire
avoir à Désodry un passeport, sous le
faux nom de Valentin, pour tout l'intérieur de la France. Nous partîmes le
soir. Au moment où nous montâmes en
voiture, ma femme embrassait son
frère en lui recommandant son mari,
et, en m'embrassant, elle me recom-
mandait son frère.

Nous allâmes en voiture jusqu'à Vil-
leneuve-Saint-George; de là, bien dé-
guisés, c'est-à-dire vêtus selon le costume du jour, en pantalon, en veste,
un bâton à la main, nous nous achemi-

nâmes à pied vers Paris. Après avoir passé la barrière, nous entrâmes dans une petite auberge du faubourg pour attendre la nuit. Vers le soir, nous prîmes le chemin de la maison de M. Lecoq.

CHAPITRE III.

Séjour à Paris. Départ.

Je m'en souviens : lorsque dans ma
jeunesse, après avoir passé les vacances
chez ma mère, j'approchais de la capitale, de cette ville centre des arts, rendez-vous de toutes les industries, séjour
de tous les plaisirs, les idées les plus
riantes s'emparaient de mon esprit, et
donnaient une couleur agréable à tous
les objets qui frappaient mes yeux : il
me semblait lire sur toutes les figures
le contentement, la bienveillance, le
bonheur. A la fatale époque où nous
étions arrivés, je crus voir dans les
traits de presque tous les habitans, de la
défiance, de la peur, un profond chagrin : quelques-uns me parurent ani-

més d'une sombre et féroce exaltation.
Nous étions dans l'automne : le temps
était noir, pluvieux : l'état de l'atmosphère donnait encore une teinte plus
lugubre aux pensées qui m'oppressaient.
Nous marchions en silence : long-temps
avant l'heure accoutumée, plusieurs
boutiques étaient fermées. Je cherchais
en vain cette nombreuse population
que, long-temps après la nuit, j'avais
vue circuler dans les rues de cette
grande cité ; nous rencontrions des patrouilles composées de soldats sans uniforme, vêtus de sales carmagnoles et
armés de piques. Du fond des cabarets et
de quelques cafés populaires, nous entendions ces chants patriotiques dont
quelques-uns ont mené glorieusement
nos armées à la victoire, dont quelques
autres étaient de funestes appels aux
proscriptions et à la mort. Nous passâ-
mes devant plusieurs édifices publics
transformés en vastes prisons : les an-

ciens monastères, les anciens colléges,
ne pouvaient suffire au nombre des
détenus ; des palais étaient changés en
cachots.

Nous arrivâmes à la porte de M. Lecoq. Je pouvais me montrer sans crainte;
il n'y avait pas de mandat d'arrêt contre
moi. Désodry resta en arrière dans unè
rue voisine ; je frappai, et j'entrai seul.
Quelle fut la surprise, quel fut l'effroi
de M. et de Mme. Lecoq quand ils apprirent que Désodry était à Paris à
deux pas de leur maison ! Je me hâte
de dire qu'ils ne tremblèrent pas pour
eux-mêmes, mais pour leur neveu ;
que M. Lecoq s'empressa de sortir avec
moi pour aller chercher Désodry, et
qu'après l'avoir fait entrer avec précaution, ils l'engagèrent à ne pas chercher
d'autre asile pendant son séjour, quelque danger qu'il y eût pour eux à le
cacher dans leur maison.

« Quelle imprudence ! » dit M. Lecoq

à Désodry. « Quel est ton projet ? »
Désodry raconta son but et ses espé-
rancs- « Puissent ces espérances n'être
» pas trompeuses ! » répondit en soupirant M. Lecoq autrefois si joyeux.
« Mais pourquoi venir ? ta présence
» était inutile, et elle double tes dan-
» gers. Aurais-tu le dessein de te pré-
» senter toi - même chez les gens dont
» tu me parles ? C'est ce que je ne
» souffrirai pas. »—« Non, mon neveu, »
dit vivement la bonne tante, « nous
» ne le souffrirons pas. Ah ! grand
» Dieu ! si quelqu'un vous reconnais-
» sait, vous dénonçait.... » — « Ce sera
» moi et Aubin, reprit M. Lecoq, qui
» ferons pour toi toutes les démarches.
» Oui, malgré ma répugnance, j'irai
» voir ces amis puissans sur lesquels tu
» comptes. »—« Surtout monsieur Lecoq,
» prenez bien garde, » dit la tante. —
« Sois tranquille, ma bonne femme.....
» tranquille.... autant qu'on peut l'être

» de ce temps ci. Mais, grâce à Dieu,
» je ne suis ni assez riche, ni assez
» connu pour qu'on songe à me pour-
» suivre ; et après tout, à moins d'être
» un démon incarné, qui oserait me
» faire un crime de parler en faveur
» de mon neveu ? »

Ce que me dit M. Lecoq, ce que je
vis moi-même pendant le peu d'heures
que je passai à Paris, redoubla la tristesse dont mon âme était navrée.
Qu'elle fut terrible pendant cette affreuse époque, la situation des honnêtes bourgeois qui avaient embrassé avec
ardeur les premiers principes de la révolution ! qu'étaient devenues cette confiance, cette fraternité qui remplis-
saient tous les cœurs à la première fédération ? Tous les liens de l'ancienne
amitié étaient rompus, on craignait d'en
former de nouveaux ; on se parlait avec
inquiétude ; il fallait conformer son
langage à celui des proscripteurs. Ce

n'est plus seulement le noble, le prêtre, qui sont persécutés, c'est l'écrivain, c'est l'artiste, c'est le négociant. Il suffit de la haine d'un voisin, du mécontentement d'un domestique, de la délation d'une servante, pour être jeté en prison.... Un mot, un geste, le silence, peuvent avoir été remarqués, interprétés : on ne s'endort plus sans la crainte d'être réveillé en sursaut par les agens des comités, ou de la commune..... Et l'on allait à l'Opéra et au Vaudeville !

Voilà donc où nous avaient conduits de grandes et honorables passions, l'amour de la patrie, l'amour de la liberté, l'amour de l'égalité devant la loi ! Ah ! c'est que de viles passions s'étaient mêlées à ces généreux mouvemens : l'avidité du pauvre à dépouiller le riche, l'orgueil du plébéien contre l'ancien noble, l'esprit de vengeance porté à l'extrême par la nécessité de combattre les rois armés contre nous, et bientôt transformé en ardeur de conquêtes, et ces passions fermentaient dans une populace brute et corrompue dont on avait brisé tous les freins ; et , comme beaucoup d'hommes sensés en sont encore persuadés, elles étaient alimentées par l'or et les intrigues de l'étranger qui nous poussait aux fureurs pour nous détruire.

Nous résolûmes de nous présenter chez Socrate Froment. « S'il était possi- » ble, disions-nous, d'obtenir par son en- » tremise la révocation du mandat d'ar- » rêt ! » Nous n'étions pas sans espérance ; nous nous rappelions les nombreux bienfaits dont il avait été comblé par Désodry ; nous nous rapelions les nombreuses protestations de reconnaissance qu'il avait prodiguées à son bienfaiteur.

Arrivé à la porte de Socrate, je réfléchis ; je dis à M. Lecoq que je croyais prudent de me montrer seul au mem-

bre du comité révolutionnaire. M. Lecoq s'exposait plus que moi en sollici-
tant pour un suspect : on pouvait, à
l'instant même, s'aviser de faire une
descente dans sa maison, y trouver
Désodry, ce qui nous aurait tous per-
dus ; tandis que moi, à moins qu'on ne
m'arrêtât sur-le-champ, ce qui ne me
paraissait pas à craindre, je pouvais, si
j'échouais dans mes sollicitations, quitter Paris, emmener Désodry et retourner
à Montereau attendre les événemens.

J'entrai donc seul. Froment était
étendu sur un mauvais canapé ; selon
l'usage de plusieurs enrichis de ce
temps-là, il n'avait pas jugé convenable
de changer son vieil ameublement. Il
venait de déjeuner, et il était ivre. Je
le trouvai encore plus dur et plus inso-
lent que je ne m'y attendais : il avait
conservé ce ton capable, important,
content de lui-même, qui m'avait souvent fait rire autrefois, et qui dans ce

moment m'épouvantait : il n'avait pas
ces intermittences de raison et de bonté
que j'avais remarquées dans mon camarade Renou ; il était toujours écumant
de courroux. Le caractère se peint sur
les figures, et de même que la pureté
de l'âme donne à la tête de tel vieillard
quelque chose de vénérable, de même
la méchanceté donnait quelque chose
de hideux aux rides du vieux Froment;
je crus voir Satan souriant de nos mi-
sères. « Qu'est-ce? que me veux-tu? »
me dit-il brusquement ? Je me fis reconnaître. « Ah ! oui , Aubin ; un
» petit médecin, un philosophe : je les
» déteste, les philosophes ; timides et
» capons, ils ne savent pas aller au
» grand , et ils arrêtent les autres par
» une sotte morale. Que demandes-tu?
» un certificat de civisme? présente-
» toi au comité, mais ne compte pas
» sur moi ; tout ce que je peux te pro-
» mettre, c'est de me taire, de ne pas

» révéler que je t'ai connu autrefois
» philosophe modéré. » Je lui dis que
je ne venais pas pour moi, et je com-
mençai à lui expliquer le sujet de ma
démarche. Mais à peine eus-je prononcé
le nom de Désodry, qu'il s'écria transporté de fureur : « Qu'est-ce que c'est?
» Désodry ! tu oses venir me parler
» d'un conspirateur , d'un véritable
» agent de Pitt et Cobourg ! à moi ! moi,
» Socrate Froment, vice-président d'un
» comité révolutionnaire ! Désodry !
» dans le temps qu'il était riche et que
» j'étais pauvre, m'a-t-il assez abreuvé
» d'insolences, d'humiliations ? Et sa
» femme ! son impertinente femme qui
» m'a fait jouer un rôle de souffleur
» dans une plate rapsodie... C'est vrai,
» il m'a donné quelqu'argent ; mais ne
» l'avais-je pas gagné par mon tra-
» vail ? et il était si fier, si dédai-
» gneux !... Qu'importe d'ailleurs tout
» ce qu'il a pu faire pour moi? ô sainte

2*

» république, » ajouta-t-il en ôtant le bonnet qui lui couvrait la tête, « tu » m'embrases : je te sacrifierais ma » femme et mes enfans, si j'en avais!... » à plus forte raison... Tu peux dire à » Désodry qu'il se cache bien ; que si je » le trouve, je ne le manquerai pas. » Confus de ces terribles paroles, je me retirais. « Attends, attends, » me dit-il en me rappelant ; « puisque tu venais » me parler pour Désodry, tu dois sa- » voir où il est. Je te somme au nom » de la république une et indivisible » de me déclarer le lieu de sa retraite. » — « Me crois-tu capable de trahir » mon ami? » lui répondis-je avec indignation. « Je ne sais comment l'entretien aurait fini : deux hommes entrèrent précipitamment, et, l'en-traînant dans un coin de la chambre, se mirent à lui parler très-vivement. Étaient-ce deux de ses confrères au comité révolutionnaire qui venaient lui

annoncer quelque importante arresta-
tion? étaient-ce deux de ses confrères
à la commission des inventaires de biens
d'émigrés qui venaient lui proposer
quelques clandestins brigandages? Je
ne jugeai pas à propos d'attendre la fin
de la conversation, et je profitai de
l'occasion pour sortir, ou plutôt pour
m'évader.

'Je retrouvai M. Lecoq dans la rue,
et nous nous éloignâmes rapidement.
Au lieu de diminuer, le danger était
augmenté. Il nous paraissait évident que
Désodry ne pouvait être en sûreté ni
chez son oncle, ni chez moi; nous nous
rendîmes chez Rémy.

Grossiers et voleurs comme Turcaret,
les fournisseurs de cette époque prodiguaient les assignats à leurs maîtresses,
donnaient de grands dîners chez les res-
aurateurs, se livraient avec une fureur
effrénée à tous les plaisirs de la table
et du libertinage. Ils avaient des appuis,

des associés, des complices parmi les
personnages influens ; mais l'opinion
était si variable ou plutôt si ascendante!
Le révolutionnaire d'aujourd'hui pouvait n'être le lendemain qu'un modéré :
c'était un crime d'avoir été son ami.
Aussi ne manquaient-ils pas d'affecter
les formes les plus acerbes du répu-
blicanisme ; tel était alors le citoyen
Rémy. Cependant, le bruit du malheur
de Désodry n'était pas venu jusqu'à lui.
Dès que nous lui dîmes que nous venions
pour lui parler de son ancien ami, il
s'empressa de nous accueillir ; il se re-
prochait de n'avoir pas vu Désodry depuis plusieurs mois ; mais il avait été
accablé d'occupations. Il avait été obligé
de faire un voyage aux frontières pour
ses fournitures dans lesquelles il perdait, il perdait beaucoup, disait-il :
« Mais enfin il est du devoir d'un bon
» citoyen de sacrifier sa fortune à la
» république. Et où est-il ? comment

» se porte-t-il ? Que fait-il, ce cher » ami ?» Nous lui racontâmes la position où se trouvait Désodry, en nous bornant toutefois à lui dire qu'il craignait d'être inquiété, et sans lui confier qu'il y avait un mandat d'arrêt. Il leva les yeux au ciel, prit du tabac, poussa un soupir : « Eh'bien, que puis- » je à cela?» Nous lui dîmes que Désodry avait compté sur lui pour obtenir un asile.«Diable! diable!» reprit-il, sans nous laisser achever, « je ne veux pas me mê- » ler de cela ; je ne peux pas me mêler de » cela. Le cacher! où? chez moi, à Paris? » cela ne se peut pas. Moi, qui reçois des dé- » putés, des membres de la commune!» — « Eh bien! en province, dans un des » châteaux que vous avez achetés.»— « Des châteaux ! je n'en ai plus ; j'ai » tout démoli, la charrue y passe. Ma » maison de campagne ! il ne faut pas » s'y fier ; mon jardinier qui est de la » société populaire ! » Nous lui deman-

dâmes s'il ne pouvait pas procurer à
son ami une place bien petite, bien
obscure dans ses fournitures, aux armées, sous le nouveau nom de Valentin qu'il avait pris ; précaution qui
devait mettre à couvert et l'employé
et la personne qui l'emploîrait. « Pas
» davantage, nous dit-il ; diable ! et si
» l'on venait à découvrir que ce nom
» de Valentin est un faux nom ! je
» serais un joli citoyen. C'est pour le
» coup que mes protecteurs dans les co-
» mités de gouvernement ne pourraient
» plus me défendre, eux qui ont déjà
» tant de peine à se défendre eux-
» mêmes. D'ailleurs, je n'ai pas de place
» vacante ; et si j'en avais.... Tenez,
» voyez toutes ces apostilles de citoyens
» aussi énergiques que puissans, et qu'il
» faut satisfaire avant tout. Mais pour-
» quoi diable aussi le citoyen Désodry
» s'est-il mêlé de tout cela ? pourquoi
» ne s'en est-il pas mêlé comme moi,

» en bon patriote, en franc républi-
» cain, ainsi que je me fais honneur
» de l'être ? Diable ! c'est que dans ce
» temps-ci, il ne faut être ni suspect
» ni modéré. A la bonne heure, il m'a
» obligé.... autrefois,... il y a déja long-
» temps ; est-ce une raison pour qu'au-
» jourd'hui, j'aille de gaîté de cœur
» m'exposer ?...» Sa femme était entrée
dans le cabinet, et nous écoutait.
Nous cherchâmes à l'intéresser en faveur de Désodry. « Citoyens, » nous
dit-elle, d'un ton sec, « vous ne vou-
» driez pas, j'espère, que mon mari
» se compromît....» — « Oh ! ne crains
» rien, » reprit le mari en l'interrom-
pant, « je suis fin et prudent. » —
« Oui, soyez tranquille, » dis-je à la
femme, « je vois que le citoyen ne se
» compromettra pas. »

Quelle consternation pour Désodry !
Des deux amis sur lesquels il avait fondé
de si grandes espérances, l'un était un

lâche, qui n'osait le servir ; l'autre
plus odieux menaçait de le poursuivre
et d'envelopper ses amis dans sa ruine.
Le temps pressait ; pour sa sûreté,
pour la nôtre, il fallait qu'il sortît de
Paris. Il avait un passe-port sous le nom
de Valentin ; son oncle lui donna une
lettre de recommandation pour un habitant de Pont-l'Évêque, petite ville
du Calvados. Le soir même, il monta
dans la diligence de Caen, et je repris
seul la route de Montereau.

Désodry m'a raconté tout ce qui
s'était passé dans son âme, tout ce qui
lui était arrivé pendant son voyage.
La diligence était pleine ; il y avait
deux femmes, un enfant, un militaire qui allait rejoindre l'armée des
côtes, trois autres personnes dont il
n'apprit ni le nom ni l'état. De tout
temps, on l'a remarqué, il semble
que ce soit un besoin pour les voyageurs d'une voiture publique de causer,

de s'interroger, de se répondre mutuellement; on se prévient, on a des égards,
des procédés, des politesses les uns
pour les autres. A cette époque, on voya-
geait silencieusement, on s'observait,
on tremblait de paraître trop poli;
on arrivait au lieu de sa destination
sans savoir avec qui l'on avait voyagé,
et cherchant dans sa mémoire si l'on
n'avait pas laissé échapper un mot qui
pût paraître suspect. Les femmes vê-
tues très-simplement étaient aussi ta-
citurnes que les hommes; l'enfant lui-
même semblait instruit par sa mère à
garder le silence. Un seul homme,
parmi les trois dont Désodry n'a connu
ni le nom ni l'état, parlait, et parlait beaucoup, car le militaire, après
avoir exprimé combien il était affligé
de quitter l'armée du Rhin où il com-
battait contre les ennemis de son pays,
pour aller à l'armée des côtes faire
la guerre à des compatriotes, se taisait

comme les autres. L'homme qui tenait la parole, sans qu'on l'interrogeât
et sans qu'on lui répondît, s'exprimait
en patriote prononcé ; il chantait des
chansons républicaines ; il regardait
les autres voyageurs de travers, s'il
croyait s'apercevoir qu'on ne goûtât pas
ses discours et ses chansons ; il cherchait
à faire parler les autres, il s'indignait
qu'on ne lui répondît pas ; il disait qu'il
aimait les disputes, les controverses ;
il racontait celles qu'il avait eues dans
sa commune. « Silence ! » lui dit brusquement le militaire, « on croirait que
» vous voulez nous faire tomber dans
» une embuscade. »

Désodry eut tout le temps de réfléchir
pendant ce silencieux voyage. On était
au troisième jour de route ; c'était le
soir, la nuit commençait à tomber ; la
diligence montait péniblement un chemin taillé entre deux montagnes escar-
pées ; Désodry, tandis que ses compa-

gnons de voyage dormaient ou se livraient de leur côté à des réflexions aussi tristes que les siennes, se rappelait ses jours de bonheur, les premiers jours de son mariage.... Ce fut pour la première fois que, non content de maudire les révolutionaires exagérés, il maudit la révolution elle-même. « Ah! » se disait-il, ces grands, dont on a » renversé la puissance et les priviléges » en faisaient-ils un si mauvais usage ? » Ils étaient humains, charitables... » Tout à coup des cris se font entendre : « Mort aux bleus! mort aux jacobins! » c'étaient des chouans. Le conducteur ordonne aux postillons de presser les chevaux : il est tué. Le militaire veut s'élancer pour résister; les deux femmes le retiennent, en le suppliant de ne pas aggraver leur situation par une résistance inutile. La voiture est entourée; des hommes, prêts à faire feu, sont placés sur les montagnes. Aussitôt, le chef, suivi d'une partie de sa bande, accourt à la portière. Au dernier rayon du soleil, les voyageurs le voient, un mouchoir blanc autour de son chapeau, la figure couverte d'un masque de gaze noire : il commande aux voyageurs de descendre, en leur déclarant qu'il n'en veut qu'aux dépêches et à l'argent du gouvernement. On les conduit vers un fossé fangeux ; on leur ordonne de se coucher la face contre terre ; et malgré la parole du chef, on les dépouille. Le jeune militaire, furieux, veut encore se défendre, une des deux femmes cherche encore à le retenir ; un des assaillans lève son sabre ; l'enfant se jette à ses pieds : « Grâce, grâce pour ma mère! » s'écrie-t-il. On le repousse durement, on saisit le jeune militaire, on l'attache à un arbre.... Mais, soudain, des signaux se font entendre, et les chouans disparaissent en vomissant les plus horribles imprécations contre les bleus, la république et les républicains.

Dès le commencement de l'attaque, un des postillons s'était échappé; il avait donné l'alarme à une ville voisine où il y avait une nombreuse garnison; on accourait au secours de la diligence; c'était l'approche de ce secours imprévu qui avait fait fuir les chouans.

Dans quel trouble, dans quel désordre les voyageurs arrivèrent à la ville, qui n'était qu'à un quart de lieue! Cependant, une scène touchante avait succédé à cette horrible scène : ces voyageurs, qui depuis trois jours s'étaient observés avec défiance, se consolaient, s'encourageaient mutuellement. Les chouans, dans leur précipitation, n'avaient pu les dépouiller entièrement; mais plusieurs se trouvaient sans la moindre ressource, entre autres, le grand républicain qui seul auparavant,

avait tenu la parole. Il fut convenu que
tout ce qui avait échappé serait mis en
masse ; qu'on en prélèverait la moitié
pour la famille du malheureux conducteur ; que le reste serait partagé entre
tous les voyageurs. Désodry ne fut pas
celui qui apporta le moindre contin-
gent : on ne lui avait pris qu'un portefeuille rempli d'assignats. Il avait sauvé
un autre portefeuille , contenant son
passe-port, la lettre de M. Lecoq , et
une bourse pleine d'or, cousue dans la
doublure de son gilet. Il s'empressa de
mettre son or à la masse. L'hôtesse voulait faire une collecte dans la ville pour
les voyageurs ; ils lui dirent de la faire
pour la famille du conducteur. N'y avait-
il pas , dans ce concours de générosité,
de quoi rendre à Désodry son amour
pour l'humanité , et un peu de bonne
opinion pour les vertus de ses semblables ?

Les voyageurs apprirent dans l'au-

berge que la bande qui avait attaqué la
diligence était commandée par un déserteur de la Vendée, qui trouvait que les
chefs vendéens faisaient la guerre avec
trop d'humanité. Ils devaient rendre
grâce au ciel de n'avoir pas été plus
maltraités. Ils frémirent au récit des
cruautés qu'exerçait journellement contre les bleus, et contre tout ce qui n'é-
tait pas de son parti, cet irréconci-
liable ennemi de la révolution.

Le lendemain, Désodry vit monter
dans la diligence un homme âgé, mais
qui paraissait encore robuste et vigou-
reux : une perruque noire, fort touffue,
cachait sa figure ; il avait un bonnet de
poil épais rabattu sur son front ; il
était enveloppé dans une de ces larges
redingotes, qu'on appelait des houppe-
landes : une épaisse cravatte noire montait jusqu'à son menton, en sorte que
tout ce qu'on voyait de son visage, c'é-

tait deux grands yeux noirs, dont le blanc était terne. Ces deux grands yeux noirs étaient perpétuellement fixés sur Désodry, qui se trouvait placé en face du nouveau voyageur. On parlait de l'événement de la veille; jugeant apparemment, au langage modéré de Désodry, qu'il ne courait aucun risque de se laisser reconnaître par lui, et comme fatigué de se cacher, ce nouveau voyageur dégagea son menton de la cravate où il était enfoncé; il ôta son bonnet, et Désodry put le contempler. Que devint-il quand il reconnut ce prêtre sincère et fanatique, son austère confesseur, celui qui avait lancé contre lui l'anathème après sa fuite du séminaire, l'abbé Danriot! Au même instant, l'abbé jeta sur lui un regard, comme pour le prier de ne pas le trahir. Désodry lui répondit, en lui serrant affectueusement la main, sans que son mouvement pût être aperçu des autres voyageurs.

A la première halte que fit la diligence, Désodry et l'abbé Danriot trouvèrent le moyen de causer ensemble. L'abbé apprit à Désodry qu'au milieu de la révolution, il était resté fidèle à sa foi et à ses premiers sermens. Grand vicaire de je ne sais quel évêque au moment où les troubles éclatèrent, il avait échappé à mille dangers ; il avait vécu dans l'exil. Désodry crut s'apercevoir qu'il était encore plus sombre et plus intolérant qu'au séminaire. Il était trop fier pour cacher à son ancien pénitent le but de son voyage. Après tout, disait-il, peu lui importait d'être découvert ; il était prêt à mourir en confesseur de la foi. Il allait dans la Vendée, se joindre aux prêtres qui excitaient les habitans de ces contrées à défendre la cause de l'église ; il allait chercher à soulever les cantons qui étaient restés paisibles. A la fureur avec laquelle l'abbé Danriot parlait de la guerre d'extermination qu'il voulait entretenir contre la France hérétique, schismatique, criminelle, à l'espèce de rage qui l'animait, surtout quand il parlait des prêtres constitutionnels, Désodry se sentit effrayé : « Eh! bon Dieu! ne voilà-t-il » pas un révolutionnaire d'un autre » genre? »

« Cet homme, me dit Désodry, sem- » blait m'être apparu pour achever de » bouleverser mes idées. Ainsi, voilà » donc un prêtre qui, par amour de » Dieu, va prêcher la guerre et la des- » truction; voici d'autres hommes qui, » par amour pour leurs semblables, se » déchirent les uns les autres! ceux-ci, » sous prétexte de fonder la liberté et » l'égalité, assassinent juridiquement; » ceux-là, pour rétablir l'ordre et la » tranquillité, attaquent sur les grandes » routes. Quel épouvantable fléau que » les guerres d'opinions! les vengeances » y sont atroces; les représailles y sont

» terribles. Ce ne sont point des ci-
» toyens armés pour défendre leur pa-
» trie; ce ne sont point des stipendiés
» étrangers les uns aux autres, qui vont
» tuer ou se faire tuer pour l'ambition
» des gouvernemens : ce sont des frères
» qui s'égorgent. S'il y a de l'intérêt,
» du calcul dans quelques chefs, c'est
» la passion, c'est l'exaltation, c'est une
» frénésie de bonne foi qui enflamme
» les masses acharnées à se détruire; et,
» sous la couleur de l'un ou de l'autre
» parti, le champ est ouvert à tous les
» excès, à tous les crimes, à tous les
» brigandages. »

Telles étaient les réflexions qui agi-
taient Désodry au moment où il arriva
à sa destination sous le faux nom de
Valentin.

CHAPITRE IV.

Dangers d'Aubin.

Après l'imprudente démarche de Désodry, qui le forçait à chercher un asile
autre part que chez moi, je me trouvais moi-même en danger. La visite
que m'avait faite Renou, l'audace qu'il
avait inspirée à plusieurs mauvais sujets de notre club, l'espèce de surveillance qu'ils se permettaient d'exercer
sur moi, mais surtout ma visite à Froment, et les menaces qu'il m'avait faites, me persuadèrent que, si j'étais prudent, je ne resterais pas à Montereau.
En arrivant, je communiquai mes réflexions à ma femme.

J'avais toujours reconnu dans Pau-
line un grand amour, une profonde et

vive sensibilité, une sollicitude exces-
sive pour son mari, pour ses enfans,
pour son frère. Cette fois, je reconnus
en elle du courage, de la force d'âme,
et une grande présence d'esprit. «Oui,
» me dit-elle, il faut que tu nous quittes
» pour te conserver à nous. Il est bien
» affreux de se séparer de ce qu'on aime,
» de trembler pour les jours d'un mari,
» d'un frère. Mais, mon ami, » ajouta-
t-elle avec une espèce d'exaltation ré-
fléchie, « quoi qu'il arrive, je saurai
» remplir mon devoir et supporter mon
» sort. Si j'étais une femme romanes-
» que, je te dirais que je veux partir
» avec toi, que je ne veux pas me sé-
» parer de toi; je vois notre situation
» telle qu'il convient de la voir ; je res-
» terai. Je ne me dissimule pas tes dan-
» gers ; je connais ton caractère, con-
» nais le mien. Si le malheur nous pour-
» suit, tu saurais mourir avec courage,
» et moi, je saurais vivre avec courage

» pour ta mère et pour nos enfans.
» Mais, ô mon Dieu, » ajouta-t-elle en
joignant les mains et ne pouvant retenir
les larmes qui la suffoquaient, « con-
» serve-moi mon mari et mon frère! »
— « Oui, oui, » lui dis-je en l'embrassant, « tu me reverras; tu reverras ton
» frère. » Je cherchais à lui donner des
espérances, et j'étais assailli moi-même
des craintes les plus sinistres.

« Mais que vas-tu faire? me dit Pau-
» line? Où vas-tu chercher un asile? »
Pendant la route de Paris à Montereau,
j'avais arrêté mon plan, et je le confiai
à ma femme. Au milieu du désordre et
de l'anarchie qui déchiraient la France,
il y avait une partie de l'administration
qui était vigoureusement organisée;
c'était la guerre. Cette terrible Convention, qui opprimait dans l'intérieur
tout ce qui n'était pas révolutionnaire,
était encore plus terrible à l'extérieur.
Quatorze armées repoussaient loin de

nos frontières tous les rois de l'Europe armés contre nous. Ce comité de salut public, en même temps qu'il faisait trembler tous les Français, faisait trembler et pâlir les ennemis de la France. S'il y avait quelques rapines dans les fournitures, et encore elles ont été moins fréquentes sous la Convention que sous les gouvernemens qui l'ont suivie, il n'y avait chez nos soldats ni brigandage, ni faux patriotisme. Nos armées avaient recouvré toute leur force morale. Elles en avaient trouvé une nouvelle dans l'enthousiasme de la liberté, dans l'horreur de l'étranger, dans l'intérêt personnel du soldat. Il n'y en avait pas un seul qui ne sentît qu'il pouvait devenir à son tour général. Quelques chefs habiles et malheureux avaient été immolés; ils avaient été remplacés par d'autres également habiles, et qui, bravant à la fois les fureurs du parti dominant et les armées des rois conjurés, ne songeaient qu'à servir glorieusement leur pays. On l'a répété bien souvent, et je ne crains pas de le répéter encore, c'est à l'armée que s'était réfugié l'honneur français; c'est là que subsistait dans toute sa force le vrai patriotisme.

Tous les hommes en état de servir utilement étaient recherchés, accueillis, placés par nos gouvernans. En étudiant la médecine, j'avais appris la chirurgie, et je l'avais même pratiquée avec quelque succès. Le lendemain de mon retour, j'écrivis à un ami qui, par suite des circonstances, se trouvait l'un des membres les plus influens du conseil de santé des armées. Sa réponse ne se fit pas attendre. Les chirurgiens étaient rares ; l'interruption des études rendait précieux les hommes instruits qui se présentaient. Je reçus avec la lettre de mon ami une commission de chirurgien de première classe à l'armée du Rhin. Il était temps. Le soir même, on vint faire une visite domiciliaire dans ma maison. Que je me félicitai alors que le pauvre Désodry n'y fût pas revenu ! Je ne crus pas devoir attendre que mes persécuteurs trouvassent quelques nouveaux prétextes de me tourmenter. Je recommandai à quelques amis ma femme, ma mère, mes enfans, les enfans de mon cher Désodry; j'embrassai tous ces objets de mes tendres affections, et je partis pour Strasbourg.

Avant de traverser le Rhin, j'eus le bonheur d'apprendre , par une lettre de M. Lecoq, que Désodry était arrivé à Pont-l'Évêque.

CHAPITRE V.

Désodry dans le Calvados.

C'est une suite nécessaire des révolutions que presque toutes les existences, tous les états de la société soient déplacés. Celui-ci ne sauve sa tête qu'en perdant sa fortune ; celui-là ne conserve sa vie et sa fortune qu'en se jetant dans une carrière opposée à celle qu'il voulait parcourir. Que de gens se destinaient au barreau, aux arts, aux sciences ou au commerce, et se sont trouvés transportés dans les camps ! que d'artisans sont devenus agioteurs ! que de fermiers devenus propriétaires ! que d'anciens seigneurs qui se flattaient de vivre oisifs ont été forcés à l'industrie et au travail ! J'avais commencé à exer-

cer la médecine à Paris, et j'étais officier de santé à l'armée du Rhin. Désodry avait autrefois brusquement inter-
rompu son droit, et il était avocat, ou
selon l'expression du temps, défenseur
officieux dans une petite ville du Calvados.

A son arrivée à Pont-l'Évêque, il avait
été très-bien reçu de M. Chavet : c'é-
tait le nom de la personne à qui M. Lecoq l'avait adressé. Il ne s'en était fait
connaître que sous le nom de Valentin ;
il avait débité une fable qui se rappro-
chait de la vérité. Il avait dit qu'ayant
eu le malheur de perdre sa femme, le
séjour de Paris lui était devenu insup-
portable, qu'il avait réalisé sa modique
fortune, et qu'il venait à Pont-l'Évêque
dans le dessein d'y exercer la profession
de défenseur officieux. M. Chavet s'é-
tait empressé de présenter le citoyen
Valentin à toutes les personnes de sa
connaissance, et il connaissait toute la

ville. On y était fort curieux comme on
l'est partout ; mais la petite histoire
que Désodry avait racontée à M. Chavet, suffisait pour contenter la curiosité. Les habitans, en se la racon-
tant mutuellement, se permettaient d'y
ajouter quelques circonstances qui la
rendaient plus intéressante ; mais on ne
doutait pas qu'elle ne fût vraie ; et
même le commandant de la garde na-
tionale qui avait fait le voyage de Paris
pour la fédération de 1790, se souvenait
d'y avoir vu le citoyen Valentin qui,
dès lors, était un des avocats les plus
distingués de Paris.

Pour mieux dérouter les soupçons,
Désodry plaida tant bien que mal deux
ou trois petites causes. A peine avait-il
appris quelques termes de chicane et de
jurisprudence, lorsqu'en sortant du séminaire il avait commencé son droit.
Heureusement, à cette époque, la
science n'était pas plus requise que les

degrés. Il lui importait peu d'ailleurs
de prospérer dans son nouvel état:
M. Lecoq avait trouvé facilement les
moyens de lui faire parvenir une partie
de sa fortune; il était en état de vivre
fort honorablement, surtout dans une
petite ville. Le point essentiel pour lui
était de cacher qu'il était Désodry frappé
d'un mandat d'arrêt du comité de sûreté
générale.

Il n'était pas une seule ville en France
où la révolution n'eût pénétré. Cependant, on était encore aussi paisible à
Pont-l'Évêque que long-temps on l'a-
vait été à Montereau : il y avait une
société populaire, mais elle était peu
nombreuse. Les membres étaient exaltés, ardens, mais ils étaient raillés et
méprisés par la majeure partie des habitans. Ces habitans avaient conservé
les anciennes mœurs, les anciens ridicules des petites villes. Les jeunes gens
étaient libertins et présomptueux ; les

vieillards étaient bavards et conteurs ;
les femmes luttaient de coquetterie et
de médisance. On s'occupait beaucoup
de littérature ; il y avait de beaux esprits ; il y avait une troupe de comédiens qui jouaient des comédies du bon
ton et d'anciens opéras comiques. Parmi
les jeunes littérateurs et les jeunes fats
de la ville, brillait le fils de M. Chavet;
grand admirateur des niaiseries poé-
tiques et des mœurs frivoles de l'ancien
régime , il regrettait le temps où l'on
ne s'occupait qu'à écrire des bouquets
à Glycère , des épîtres à Cloris , ou à
faire des noirceurs aux dames ; il s'op-
posait de tout son pouvoir à l'envahis-
sement de la politique et du patriotisme
sur les Muses et la galanterie. Sous son
faux nom de Valentin, Désodry vivait
fort tranquille; il aurait été heureux
sans les souvenirs dont il était tour-
menté.

Cette tranquillité dura peu. A Montereau, les honnêtes gens avaient cru devoir diriger la société populaire pour contenir les agitateurs, et ils avaient fini par être opprimés. A Pont-l'Évêque, les bonnes gens persifflaient les gens du club : le résultat fut-il moins funeste? Désodry, en sa qualité d'avocat, fut chargé d'une affaire pour le fils mineur d'un ci-devant noble, qu'un oncle maternel, avide, fripon et roturier, voulait dépouiller. Plusieurs avocats avaient refusé de défendre l'orphelin. Désodry n'hésita pas : il plaida sa cause avec beaucoup de chaleur. L'avoué de la partie adverse était un vieux ci-devant procureur nommé Fadin, homme patelin et doucereux, mais plein de fiel et de rapacité. Pour se venger du mépris dont il avait été couvert sous l'ancien régime, il avait cherché à se faire craindre depuis qu'on était en révolution : c'est lui qui avait organisé la société populaire et qui la dirigeait. C'était d'une voix flûtée, et toujours la larme à l'œil, qu'il y insinuait les propositions les plus violentes. Désodry gagna son procès au tribunal; mais, le soir même, l'avocat Valentin fût dénoncé au club par le procureur Fadin. Dans son plaidoyer, Désodry avait eu un beau mouvement d'éloquence pour prouver qu'on doit défendre le bon droit, même quand il est en faveur d'un ci-devant noble; dans son discours contre l'avocat Valentin, le procureur Fadin eut un beau mouvement de sensibilité patriotique, pour prouver qu'il n'y avait qu'un contre-révolutionnaire qui pût se charger de défendre les intérêts d'un noble. « Et » d'ailleurs, » ajouta Fadin en essayant de forcer sa voix, « quel est ce défen- » seur officieux nouvellement arrivé » dans nos murs? D'où vient-il? Que » veut-il? O mes chers concitoyens, » dans ces temps où l'aristocratie et le

» fédéralisme cherchent de toutes parts
» à se glisser parmi nous, défions-nous
» de ces nouveaux venus. » Puis, s'attendrissant : « C'est avec regret, c'est
» avec douleur, que je me prononce ;
» mais j'estime que Valentin doit être
» déclaré suspect. » — «Oui, suspect! »
avaient répété les honorables membres.

Le soir même, au café, le fils de
M. Chavet apprit la dénonciation de Fadin contre Valentin. Il raconta la chose
à Désodry; il en riait, et se proposait
d'y répondre par une bonne épigramme
en acrostiche contre le doucereux et
perfide procureur. M. Chavet n'en riait
pas tout-à-fait autant que son fils; cependant il n'y attachait pas une grande
importance. Mais Désodry, qui connaissait mieux que personne sa situation,
en conçut de vives alarmes; et toutefois, il affectait d'en rire avec le jeune
Chavet.

Tout à coup, le bruit se répand qu'un

représentant du peuple en mission vient
de descendre à la principale auberge,
et que déjà il s'est rendu à la mairie.
Les beaux-esprits ne font plus d'épigrammes, les comédiens se préparent
à partir, car le représentant amène à
sa suite une troupe d'autres comédiens
qui ne jouent que des pièces propres à
remonter l'esprit public; il amène aussi
des agens bien à la hauteur, qui déjà
parcourent la ville comme cherchant
leur proie. Déjà, le vieux Fadin est en
conférence avec eux ; déjà, tout en
soupirant, il leur a communiqué la
liste des suspects : le lendemain on doit
les arrêter. Leurs noms circulent ; celui de Valentin est en tête. On tremble, on plaint les personnes menacées,
on se flatte qu'on n'en grossira pas le
nombre. Proscrit sous son véritable
nom, suspect sous le nom de Valentin,
Désodry se croit perdu. Sans rien dire
au jeune Chavet, sans prendre congé

du père qui l'avait si bien accueilli , se défiant d'eux comme des autres , il sort à l'instant de la ville; il marche toute la nuit sans savoir où il va : le matin, il se trouve à la porte d'une grande ferme isolée.

Il s'était assis sur un banc de pierre près de la ferme ; ses forces ne lui permettaient pas de continuer à marcher : il ne savait s'il devait entrer. Une servante parut; c'était une grosse et forte fille, d'une figure ouverte. Elle le questionna; il lui dit qu'il s'arrêtait épuisé de fatigue et de besoin : puis, par un sentiment d'orgueil , craignant qu'on ne le prît pour un mendiant, il se hâta d'ajouter qu'il était en état de payer l'asile et le pain qu'il demandait. La servante, qui d'abord s'était montrée compatissante, devint sérieuse, l'examina fort attentivement, et lui demanda s'il était en règle. Ces mots firent pâlir Désodry. «C'est que voyez-vous, »

ajouta cette fille, «dans un temps où l'on
» est à la recherche de tant de monde...
» Ce n'est pas pour vous que je parle,
» et je crois bien que le citoyen ne vou-
» drait pas nous faire du tort. » Au lieu
de lui répondre, Désodry lui glissa une
pièce d'or dans la main. La pauvre fille
resta tout ébahie. Quand on ne voyait
partout que des assignats, une pièce
d'or ! « Oh ! oh ! dit-elle, voilà qui
» donne bien à penser ; mais, après tout,
» qu'est-ce que je risque, moi?... Et
» quand je risquerais, il faut avoir bon
» coeur. » Elle serra soigneusement la
pièce d'or dans son corset, fit entrer
Désodry dans une salle basse ; et lui
servit à déjeuner.

Tout en dévorant son modeste repas,
Désodry se livrait aux plus vives inquiétudes. En tout autre temps, rien
de plus simple, rien de moins inquié-
tant que d'entrer dans une ferme, et
de s'y reposer quelques heures ; mais

aujourd'hui! qu'attendre d'une servante inconnue? Fort circonspect dans ses réponses aux questions que cette fille lui adressait, lui-même, il l'interrogeait; il apprit que la ferme était occupée par une veuve, la citoyenne Moreau, et par son fils, Jean Moreau, encore garçon, mais sur le point de se marier. La veuve dormait encore, et le fils était déjà aux champs. Soudain, une voix de femme, qui parut fort aigre à Désodry, se fit entendre, et répéta plusieurs fois : « Catherine ! Catherine !»—«Ah ! » mon Dieu, » dit la servante, « c'est » la citoyenne qui m'appelle : attendez- » moi, je reviens tout à l'heure. Je ne » peux me dispenser de lui dire que je » vous ai fait entrer ici; mais il faut » espérer qu'elle ne vous renverra » pas. » Désodry resta seul absorbé dans ses réflexions, devant la table où Catherine lui avait servi à déjeuner. Il ne mangeait plus ; il se repentait du

mouvement de vanité qui lui avait fait
dire qu'il était en état de payer son
gîte. S'il s'était présenté comme mendiant, on l'eût accueilli sans difficulté,
sans lui faire de questions, par bonté,
par charité; mais devait-on de la charité aux proscrits qui fuyaient? Il se
repentait d'avoir donné de l'or : n'y
avait-il pas de quoi éveiller les soupçons? Les riches alors inspiraient plus
de méfiance que les pauvres.

La servante rentra bientôt, accom-
pagnée de la citoyenne Moreau. C'était
une femme de quarante à cinquante
ans, grande, encore assez fraîche, mais
qui louchait, et cela donnait à sa phy-
sionomie quelque chose de dur et de
faux. Pour son premier mot à Désodry,
elle répéta la fatale demande : « J'espère
» que le citoyen est en règle? » Que répondre? Montrer le passe-port que je lui
ai fait obtenir sous le nom de Valentin,
c'est se perdre : ce nom de Valentin ne

vient-il pas d'être inscrit sur la liste
des suspects de la ville voisine ? « Oui,
» oui, certainement, » dit-il, en cherchant à se remettre, « je suis en règle ;
» mais, n'ayant à faire qu'un petit voya-
» ge de quatre lieues, je n'ai pas cru
» devoir me munir de mes papiers. Je
» suis un habitant de Lisieux, et je me
» nomme... Robert. » Étrange extrémité
où tant d'honnêtes gens étaient alors ré-
duits ! il lui fallait encore se donner un
nouveau nom. Désodry s'était tu un moment, comme pour reprendre haleine ;
voyant que la veuve Moreau ne se pressait pas de parler, et attendait qu'il
achevât de s'expliquer, il ajouta qu'é-
tant appelé de Lisieux à Pont-l'Évêque,
par un procès, il s'était mis en route la
veille, vers six heures du soir, à pied ;
que la nuit l'avait surpris ; qu'il s'était
égaré, et qu'il n'avait retrouvé son chemin qu'au jour. Pendant qu'il parlait,
la veuve Moreau l'examinait avec une

attention qui redoublait son trouble.
« A pied! dit-elle, de Lisieux à Pont-
» l'Évêque! un homme qui a de l'or!...
» C'est égal, » ajouta-t-elle d'un ton
plus doux; « quoique mon fils soit un
» grand patriote, j'espère qu'il ne trou-
» vera pas mauvais... Vous pouvez vous
» reposer jusqu'à midi; mais ensuite il
» vous faudra continuer votre route. »
Désodry la remercia, et la servante Catherine le fit entrer dans un petit cabinet donnant sur la cour de la ferme,
et qui n'était séparé de la salle où l'in-
terrogatoire venait d'avoir lieu, que par
une porte vitrée. Il y avait un lit sur
lequel il se jeta tout habillé, et il s'en-
dormit profondément.

Ses inquiétudes revinrent avec plus
de force quand il s'éveilla. Il était midi
et demi à sa montre. L'heure jusqu'à
laquelle on lui avait permis de se reposer était passée; il se leva, et, avant
d'entrer dans la salle, il eut la curiosité

de regarder par la porte vitrée. Un ri-
deau d'étoffe qu'il entr'ouvrit avec précaution empêchait qu'il ne fût aperçu.
Il vit la veuve Moreau, causant avec un
jeune homme de haute taille, probablement son fils, Jean Moreau, qui était
revenu de son travail. Cette qualité
de grand patriote, que sa mère lui avait
donnée, fut cause que Désodry lui trouva une figure sinistre. Un carreau cassé
à la porte vitrée lui permit d'entendre
quelques mots de l'entretien. « Ah !
» vraiment, » disait le jeune homme
en se frottant les mains avec joie, « voilà
» une bien bonne nouvelle; mais il n'y
» a pas un moment à perdre, ma mère ;
» il faut envoyer sur-le-champ préve-
» nir le maire et son greffier. Qu'ils se
» tiennent prêts; moi, je cours cher-
» cher le vieux brigadier, et je serai
» bientôt de retour avec les autres. »
Il embrassa joyeusement sa mère, et
partit.

« Le maire ! son greffier ! un briga-
» dier !... et les autres ! » se dit Désodry.
« Plus de doute ; ils veulent me livrer. »
Sans se donner le temps de réfléchir, il
ouvrit la fenêtre, sauta dans la cour,
sortit de la ferme dont la grande porte
était ouverte, et s'éloigna rapidement,
en se gardant bien de détourner la
tête.

Il fuyait devant le fermier et sa mère,
comme la veille il avait fui devant le
représentant en mission. Avait-il tort
de s'alarmer ? Hélas ! on a trop vu à cette
époque des hommes, sans aucun motif
d'inimitié personnelle, poussés par un
patriotisme exagéré, par un féroce in-
stinct de mal faire, ou par la peur, à des
trahisons, à d'infâmes délations ! mais
qu'ils ont été fréquens aussi, les exemples touchans d'humanité, de courage,
de dévouement, donnés par des hommes du peuple, par des femmes surtout
qui ont bravé tous les périls, se sont

exposées à la prison, à la mort, pour sauver, non-seulement des amis, des parens, mais des inconnus, des étrangers, qu'ils voyaient pour la première fois !

Après avoir marché pendant une heure, Désodry entra dans une auberge d'assez belle apparence, à l'entrée d'un bourg. A peine était-il assis dans la salle commune des voyageurs, qu'il vit une carriole s'arrêter à la porte. Quel est son effroi ! c'est le jeune fermier, Jean Moreau, qui en descend accompagné d'un vieil officier de gendarmerie. « Ah ! » grand Dieu ! est-ce moi qu'ils poursuivent ? Heureusement, ce scélérat » de paysan ne m'a pas vu chez sa » mère. Mais ils ne vont pas manquer » de m'interroger... » Ils ne firent pas la moindre attention à lui, et bientôt, il apprit, par leur entretien avec l'hôte, qu'il ne s'agissait pas d'autre chose que du mariage du jeune homme. Des ob-

stacles qui l'avaient retardé venaient
d'être levés, et le jeune fermier impatient voulait que ce mariage se fît le
jour même. On attendait la future et sa
famille à la ferme; il avait chargé sa
mère de faire prévenir le maire et son
greffier; il s'était chargé d'amener le
vieux brigadier, qui devait être un de
ses témoins; il venait inviter l'hôte à
danser le soir à sa noce. Désodry res-
pira.

Après quelques lieues, il lui fallut encore fuir précipitamment. Il était à une
modeste table d'hôte; il s'y était fait
connaître sous le nom de Robert. On le
regardait. Il entendit l'hôtesse répondre
tout bas à l'un des convives, en le mon-
trant : « C'est le citoyen Robert, négo-
» ciant de Lisieux. » — « Et moi, ré-
» pliqua le convive, je soutiens que
» c'est le citoyen Valentin, avocat à
» Pont-l'Évêque. » — « Il y a de singu-
» liers jeux de la nature, » dit un per-

sonnage qui arrivait de Paris, « il res-
» semble, à s'y méprendre, à un jour-
» naliste, nommé Désodry. » Le pauvre suspect feignait de ne pas entendre. Après quelques minutes, il quitta
la table. Il trouva dans la cour de l'auberge un charretier, qu'il emmena
mystérieusement sous un hangard; il
lui acheta sa blouse et la permission
de sortir de la maison, en conduisant
une lourde voiture de roulage.

Il continua de marcher sans suivre
aucune direction. Il pensa que le plus
sûr était de changer de gîte tous les
jours. Tremblant quand il entrait dans
une ville, s'arrêtant de préférence dans
les villages, rançonné par les paysans,
craignant tout le monde, n'osant s'ou-
vrir à personne, il traversa la Norman-
die, la Picardie, l'Artois. Enfin, il se
trouva en Belgique. Là, prenant un
uniforme, et se procurant à prix d'ar-

gent une feuille de route sous son nouveau nom de Robert , il rejoignit,
comme simple soldat, une division de
l'armée française.

CHAPITRE VI.

Désodry en Belgique.

Tandis que Désodry, en fuyant à travers la France, était en défiance de tous ceux qui l'approchaient, j'avais eu le bonheur de contracter de sûres et honorables amitiés à l'armée du Rhin. Aujourd'hui même encore, je ne pense pas sans attendrissement à la confiance que m'accordèrent plusieurs officiers de cette armée vraiment patriote.

Quelle noble et pénible profession que celle d'un officier de santé dans une armée en campagne ! il ne fait pas la guerre, et il en court les dangers pour en adoucir les malheurs. Que j'étais heureux quand je pouvais conserver un Français à son pays, un fils à ses

parens, un jeune époux à sa jeune famille ! et j'éprouvais une jouissance presque égale, lorsque j'avais sauvé les jours
de quelque prisonnier blessé. Dans le
cœur d'un officier de santé bien pénétré de ses devoirs, la voix de la patrie
n'étouffe jamais celle de l'humanité;
pour lui, jamais d'ennemis sur un
champ de bataille.

Dans une de ces belles retraites qui
ont honoré l'armée française presque
autant que ses victoires, le quartier
général de la division à laquelle j'étais
attaché se trouva transporté à Maestricht. J'étais logé chez de bonnes gens,
qui tenaient à la fois une maison garnie
et une pension bourgeoise. J'y prenais
mes repas ainsi que plusieurs officiers.
J'allais sortir un matin pour visiter mes
malades : mon domestique m'annonce
un soldat qui demande, dit-il, un billet
d'hôpital, et je vois entrer un homme
pâle, défait, vêtu d'un uniforme en

lambeaux.... Je regarde cet homme,...
je reconnais mon ami, le frère de ma
femme, mon cher Désodry. Qu'ai-je
besoin de peindre ma joie? Tous mes
lecteurs la concevront. Quel bonheur
de retrouver, d'embrasser un ami dont
l'absence et le silence nous tourmentaient d'inquiétude! Je m'étais jeté dans
ses bras; je l'avais serré contre mon
cœur. Il m'apprit la route longue et
périlleuse qu'il venait de faire; il avait
épuisé toutes ses ressources; il arrivait
à Maestricht sans argent. Il y avait plusieurs mois qu'il n'avait pu recevoir de
nouvelles ni de son oncle, ni de ses
enfans, ni de sa sœur. Ce fut moi qui
lui appris que ses enfans étaient en
bonne santé; qu'il lui restait encore des
amis, mais dans sa famille seulement;
que son nom avait été porté sur la liste
fatale des émigrés. Heureusement, toute
sa fortune était en portefeuille : tandis
que Socrate-Froment et ses collègues

4*

avaient fait mettre les scellés sur son mobilier, M. Lecoq avait fait valoir ses capitaux, et les avait augmentés par des recouvremens dont il était prêt à rendre compte.

J'examinais Désodry. Ce peu de mois passés à fuir de retraite en retraite, toujours poursuivi, ou toujours se croyant poursuivi, avait altéré et vieilli ses traits ; les trahisons, les ingratitudes qu'il avait éprouvées, celles dont son imagination toujours active lui avait persuadé qu'il allait être victime, avaient ulcéré son âme. Il m'interrogea sur ma situation. Je m'enflammai en lui parlant de mon état et de son utilité. « Oui, » me dit-il en souriant amèrement, « vante-toi d'être utile ! quelle duperie! » Les hommes sont des serpens toujours » prêts à mordre la main de celui qui » les réchauffe dans son sein : les » moins coupables sont ceux qui, sans » chercher à faire du mal aux autres,

» s'occupent avec constance de leurs
» intérêts personnels. Mais qu'ils sont
» rares encore les bonnes gens qui se
» bornent à cette vertu négative ! » Je
m'étais souvent affligé de voir Désodry
se livrer à une philanthropie exagérée
bien dangereuse pour lui, et provenant
plutôt d'une exaltation de tête que d'un
bon mouvement de cœur ; combien je
fus plus affligé de le voir tomber dans
une sombre misanthropie qui le conduisait à l'égoïsme et à la sécheresse
d'âme ! Lui qui avait eu si long-temps
une aveugle confiance dans tous les
hommes, il les avait pris tous en haine ;
il se défiait de tous… Mais je n'avais
pas le loisir de discuter ; il fallait songer à ce qu'il allait devenir.

Des lois, des lois terribles étaient
portées contre les émigrés : pour s'y
soustraire, je pensai qu'il n'avait d'autre ressource que celle d'émigrer réel-
lement, d'aller vivre dans quelque ville

d'Allemagne, jusqu'à ce que l'orage qui grondait sur sa tête fût dissipé. Il me regarda, et, par son silence, il parut approuver mon conseil. Mais comment vivre en pays étranger ? comment traverser les avant-postes français ? S'il était découvert, arrêté, il ne pouvait manquer d'être considéré comme déserteur, ou comme émigré.

Je partageai en frère avec lui l'argent que j'avais dans mon secrétaire. Je lui recommandai de ne pas sortir de ma chambre, d'éviter de se montrer même aux personnes de la maison, et j'allai trouver un négociant de la ville qui m'avait témoigné quelque confiance. Sur ma signature, et d'après la connaissance qu'il avait de ma solvabilité, il me donna des traites et une lettre de crédit pour un négociant de Munich, que je me hâtai de porter à Désodry. Il parut d'abord touché de mon procédé et de celui du négociant de Maestricht :

j'essayai de profiter de cette circonstance pour amollir son âme. Je lui vantai la noble profession du commerce qui, malgré la guerre, entretient des relations amicales entre les nations, qui est utile aux individus dont les gouvernemens se combattent. « Oui, oui, » me dit-il en reprenant son rire amer, « les » négocians ! ils vous obligent moyen- » nant des escomptes, de gros bénéfi- » ces... Partout, partout l'intérêt per- » sonnel. » Au lieu de lui répondre, je le quittai de nouveau pour chercher les moyens d'assurer sa fuite.

J'étais fort embarrassé ; je n'osais m'adresser aux officiers supérieurs qui m'honoraient de leur amitié. Il était question d'agir contre la discipline, contre les lois... Lois atroces ! mais enfin c'étaient des lois. Le bonheur voulut qu'en sortant de ma maison, je rencontrasse un capitaine de hussards qui mangeait à la même table que moi, brave homme, plein de courage, et en qui le courage n'avait pas éteint l'humanité. Je pensai que c'était à lui que je pouvais me confier ; cependant j'hésitais encore. J'abordai le capitaine, je lui parlai de choses indifférentes ; nous nous promenâmes assez long-temps, tout en causant dans la rue, sous mes fenêtres. En levant les yeux, j'aperçus derrière les vitres Désodry qui nous examinait attentivement ; j'étais fâché qu'il eût l'imprudence de se montrer de la sorte. Je lui fis un signe ; et, comme pour l'engager à se retirer, je m'éloignai et gagnai les remparts, où je continuai de causer avec le capitaine. Avec beaucoup de précautions, je lui révélai mon secret. Il prit feu, et m'offrit de faire traverser la ville et les avant-postes à mon ami.

Le soir même, il devait aller avec un détachement faire une reconnais-

sance : il me proposa d'emmener Désodry. Je lui demandai si je pourrais
l'accompagner jusqu'aux avant-postes.
« Oui, sans doute, me répondit-il, il
» ne s'agit que de vous revêtir tous les
» deux d'uniformes de hussards : vous
» nous trouverez à la porte d'Allema- ,
» gne ; vous m'attendrez. Je reste à la
» queue de mon détachement, vous me
» joignez, je vous fais passer après tous
» mes hommes. Grâce à la nuit, ils
» vous prennent pour des camarades ;
» nous exécutons la même opération
» aux avant-postes, où nous serons au
» point du jour, et demain, votre ami
» peut se trouver déjà loin de l'armée
» française. » Je remerciai vivement
le capitaine : il alla prendre place à
notre table ordinaire ; ce jour-là, sous
prétexte de travailler, je me fis servir
dans ma chambre.

J'y trouvai Désodry qui se promenait
les bras croisés, d'un air pensif et agi-

té : il me demanda quel était ce militaire avec qui j'avais causé si long-temps dans la rue. Je lui dis que c'était le brave homme sur qui je comptais pour le sauver, le soir même. « Eh » quoi! dès ce soir? » — « Il le faut : » je tremble, tant que je te sais en » danger. » — « Tu trembles! » dit-il en me regardant... Il s'arrêta. Il mangea peu : je dînai rapidement, et je laissai encore Désodry en lui recommandant de nouveau de ne pas se montrer. Je me procurai des habits de hussards; j'avais deux chevaux que j'allai seller moi-même. Tous ces préparatifs demandèrent du temps; la nuit approchait quand je rentrai chez moi. « Vite, vite, dis-je à Désodry, prends » ce manteau, ce sabre, ce bonnet. » Il se laissa revêtir en silence. Nous descendîmes l'escalier sans être aperçus par personne; nous montâmes à cheval: nous gagnâmes la porte que le capitaine m'avait indiquée. Nous trouvâmes aisément le moyen de nous cacher dans un angle du rempart. Un gros quart d'heure se passa. Je tremblais qu'un autre détachement, qu'une des nombreuses patrouilles qui parcourent une ville de guerre, surtout quand elle est le séjour d'un quartier général, ne vinssent à nous surprendre. Désodry gardait le plus profond silence. Enfin, un bruit de chevaux se fit entendre : je reconnus les hussards. Tandis qu'ils se pressaient pour franchir la porte qu'on avait ouverte à leur approche, un cavalier restait en arrière. J'allai à lui : c'était le capitaine; il nous fit passer comme il en était convenu. Tout en galopant, nous avions soin de nous tenir à la queue du détachement. Le capitaine nous avait confiés à un vieux maréchal-des-logis qui lui était dévoué; lui même venait quelquefois près de nous, puis il retournait

rapidement en tête de sa troupe. Nous
arrivâmes ainsi aux avant-postes, que
le capitaine nous fit traverser avec les
mêmes précautions et le même bonheur. Alors, cet excellent homme, en
me serrant la main, m'indiqua le chemin que nous devions suivre. Ses hussards se dispersèrent dans les bois, et
Désodry et moi nous gagnâmes en toute
hâte la route d'Aix-la-Chapelle.

Au point du jour, et le voyant bien
en sûreté, je pris congé de mon ami.
Il reçut mes adieux d'un air contraint,
froid, embarrassé. Hélas! je lui avais
toujours rendu service, je lui rendais
encore service; mais il avait rencontré
tant de lâches, d'ingrats et de traîtres!...
Qui peut calculer toutes les bizarres
idées qui s'élèvent dans l'esprit d'un
homme exalté que le malheur pour-
suit?... L'infortuné se défiait de moi!
non, certes, qu'il pût un instant me
croire capable de le trahir; mais il crut

que son danger m'effrayait, que j'étais pressé de me délivrer de lui : voilà un des plus grands chagrins qu'il m'ait causés.

J'étais resté abattu, consterné, à la place où Désodry m'avait quitté. Il s'éloignait lentement, tournant par intervalles la tête de mon côté. Tout à coup, il revient rapidement à moi, s'élance à bas de son cheval, et se précipite dans mes bras en fondant en larmes. « Mon » ami, mon ami, s'écrie-t-il, pardonne-» moi, pardonne-moi l'indignité de mes » odieux et extravagans soupçons.» Oh! combien je me sentis soulagé par ce noble retour ! Il me quitte enfin ; et pour derniers adieux, il me recommande sa femme et ses enfans.

FIN DE LA SECONDE PARTIE.

TROISIÈME PARTIE.

LIVRE Iᵉʳ.

CHAPITRE PREMIER.

Un nouvel ami de Désodry,

APRÈS avoir traversé les avant-postes
de l'armée française, Désodry, échappé
aux terribles dangers qui menaçaient
alors les émigrés, aurait dû respirer ;
jamais il ne se sentit aussi agité. Plus
indigné encore qu'affligé des perfidies
dont il avait failli être victime, il était
en même temps profondément ému des
services que je lui avais rendus, de ceux
qu'il devait à son oncle, des sentimens
purs, inaltérables que lui conservait sa
sœur. « J'ai été trahi, se disait-il, mais

» j'ai été secouru ; je suis aimé ; pour-
» quoi haïr? pourquoi me défier ? Je
» l'éprouve avec délices, l'amitié n'est
» pas un vain mot. »

Il alla s'établir à Munich ; c'est là
qu'il comptait passer le temps de son
exil. Hélas ! quand se terminera ce
temps d'exil? On supporte avec courage
un malheur, si grave, si long qu'il
puisse être, quand on est certain qu'il
doit finir; mais celui dont on ne peut
prévoir le terme !....

Plusieurs émigrés français habitaient
cette capitale de la Bavière. Il était naturel que Désodry recherchât la société
de ses compatriotes. Il eut le bonheur
d'être utile à quelques-uns de nos premiers émigrés qui, au milieu de la plus
affreuse détresse, conservaient encore
l'espérance de recouvrer leurs anciens
priviléges ; mais il se sentait attiré surtout vers ceux qui, comme lui, n'a-
vaient fui plus tard que pour échapper

à la mort. Poursuivis pour avoir voulu opposer l'ordre à la licence, la modération aux excès, persécutés pour leurs vertus, ils gémissaient sur les troubles de la France, ils jouissaient des triomphes de ses armées ; ils étaient proscrits, et ils restaient patriotes. Les nobles sentimens de ces généreux compagnons d'infortune contribuèrent à défendre Désodry de cette haine de l'espèce humaine que lui avaient inspirée un moment le malheur des temps et l'inimitié de ceux qu'il avait crus ses amis. Ils contribuèrent à maintenir son âme au degré d'élévation où l'avait portée notre dernière entrevue dans laquelle, d'abord si injuste, il s'était montré bien vite si noblement repentant.

Un des plus grands malheurs pour un exilé, c'est l'oisiveté. Dans son pays, involontairement, même quand on n'a rien à faire, même quand on ne veut rien faire, on est occupé : on a des

amis, des liaisons, des intérêts ; on
s'inquiète des événemens publics et particuliers. En pays étranger, indifférent
à ce qui se passe autour de lui, peu recherché par les habitans, dans l'attente
des nouvelles toujours incertaines de
sa patrie, l'exilé, s'il ne sait pas s'occuper, végète, rêve, se livre à la mélancolie bien plus souvent qu'à l'espoir. La
situation de Désodry, le souvenir de
ce qui lui était arrivé, la vivacité de
son caractère, l'ardeur de son imagination, le portèrent à la méditation.
Bientôt, les mœurs du pays où il se trouvait exercèrent quelque influence sur
son esprit. L'Allemagne est peuplée de
philosophes moralistes : les réflexions
de Désodry se tournèrent vers la morale. Il se demandait quelle règle de conduite devait désormais diriger ses actions. Il se souvenait qu'en voulant
fonder sa doctrine sur l'amour de Dieu,
il était devenu superstitieux et fanati-

que. Il reconnaissait qu'en voulant fonder sa morale sur l'amour de ses semblables, il avait été un orgueilleux et
inutile enthousiaste, et bientôt une
dupe à la fois ridicule et malheureuse.
« Où donc est la sagesse ? » s'écriait-il.
Il la cherchait de bonne foi : toujours
possédé d'un grand zèle pour la vertu,
toujours trop ardent pour se contenir
dans de justes bornes, il repoussait les
doctrines qu'il avait embrassées tour à
tour avec une espèce de fureur, parce
que l'abus, plutôt que l'usage, lui avait
été pernicieux.

Désodry logeait dans un hôtel garni
où il y avait une table d'hôte. A cette
table, il remarqua un homme de cinquante à soixante ans, d'une figure
belle et grave, d'un maintien sérieux
et méditatif. Cet homme n'avait pas la
politesse empressée des Français, mais
il était doux et affable ; il répondit
avec cordialité aux prévenances ami-

cales de Désodry. Déjà Désodry con-
cevait la plus haute idée de ce per-
sonnage qui ne manquait jamais d'a-
mener dans ses discours quelque maxi-
me, quelque sentence, quelque apo-
phtegme. Cet homme grave, ce sage,
déjà si vénérable aux yeux de Désodry,
était un libraire d'une petite ville de
Saxe, amené à Munich pour les affaires de son commerce. Il se nommait Rothberg. Près de sa petite ville
se trouvait une maison d'éducation,
célèbre par le talent des professeurs
et le grand nombre des élèves. M.
Rothberg avait fait sa fortune en
imprimant les ouvrages des professeurs.
Par reconnaissance, il s'était passionné
pour les systèmes et les doctrines des
savans, dont les livres l'enrichissaient,
et il était devenu lui-même un grand
philosophe. Il parlait français avec fa-
cilité ; Désodry, qui savait déjà quelques mots allemands voulait prendre

un maître de langue. M. Rothberg s'offrit avec beaucoup de complaisance à lui donner quelques leçons pendant son séjour à Munich : Désodry accepta. Des leçons sur la langue , l'entretien ne tarda pas à tomber sur la morale, sur la philosophie ; rien de plus naturel , puisque des deux personnes qui causaient ensemble , l'une était un homme ardent qui cherchait quel système de morale il devait substituer à ceux dont il croyait avoir reconnu la défectuosité, et que l'autre vivait, pour ainsi dire , de philosophie.

M. Rothberg ne manqua pas de vanter avec emphase la beauté , la certitude et surtout la clarté de la doctrine des professeurs dont il imprimait les ouvrages. « Et en quoi consiste cette » doctrine ? » lui demanda Désodry. « Quel doit être , suivant elle , le » mobile de nos actions ? Est-ce dans le » désir d'être agréables à Dieu que nous

» devons agir ? » — « Pourquoi mêler
» le nom de Dieu à la morale humai-
» ne?» répondit gravement Rothberg.—
« Alors, c'est vers le but d'être utile
» à vos semblables que vous dirigez vos
» efforts ! » — « Que m'importent mes
» semblables ! je ne leur ferai pas de
» mal ; je leur ferai du bien même,
» non point par amour, mais parce que
» c'est une suite nécessaire de ma phi-
» losophie. » — « Et sur quoi donc re-
» pose votre philosophie ? » — « Sur
» l'absolu. » — « L'absolu ! » — « Oui,
» l'absolu, autrement, la convenance,
» la règle inaltérable du droit qui con-
» court à l'ordonnance de l'univers ;
» et voilà ce qui, d'une manière aussi
» claire que positive constitue l'absolu.»
Je ne sais si cela parut clair à Désodry,
mais je sais que, lorsqu'il me répéta
ces premières paroles du libraire, je
n'y pus rien comprendre.

Toutefois, ce premier entretien suffit pour enflammer Désodry et lui en
faire désirer d'autres. Bientôt, il se pas-
sionna pour l'absolu. Loin de moi la
pensée de railler les vrais philosophes
dont l'Allemagne s'honore ; la seule
considération qu'ils ont consacré leur
vie à la recherche de la sagesse doit
leur mériter l'estime universelle. Mais
leurs systèmes ont subi un malheur
inévitable. Faits pour être compris par
des esprits éclairés, sentis par des âmes
élevées, ils ont été saisis sans être compris par des enthousiastes, par des fai-
bles qui se croyaient forts, par des ignorans qui se croyaient savans ; ils
ont été commentés, exploités par
des charlatans, et les voilà mêlés d'ob-
scurités, d'erreurs, d'absurdités ; et
les voilà qui paraissent aussi ridicules
dans leur dégénération, que peut-être
ils sont sublimes dans leur origine.
N'en est-il pas de même de toutes les

doctrines ? Que de théologiens ont dé-
figuré l'Évangile !

Le libraire Rothberg était un des plus
ardens sectateurs de Kant. En arrière
des leçons du maître par défaut d'in-
telligence, et les ayant outre-passées par
abondance de zèle , enthousiaste par
intérêt plutôt que par conviction, il
s'était jeté dans les rêveries , dans les
mysticités ; il faisait partie de ces illu-
minés qui , peu d'années avant notre
révolution , avaient déjà inondé le nord
de l'Europe. Leur système les conduisait au fatalisme, à la prédestination ;
quelques-uns croyaient aux évocations,
à la résurrection des morts ; le magné-
tisme animal, le galvanisme, l'électricité
avaient merveilleusement servi les jon-
gleries de quelques charlatans. Comme
dans toutes les religions, il y avait beaucoup de croyans exaltés, beaucoup qui
croyaient parce qu'ils voulaient croire,

beaucoup qui croyaient parce qu'ils avaient intérêt à croire.

Désodry qui, au séminaire, s'était enivré des mysticités de la dévotion, qui depuis s'était passionné pour le baquet de Mesmer et les romans énigmatiques de Cagliostro, retrouva une nouvelle ferveur à la voix de Rothberg, qu'il écoutait avec une curieuse ardeur de s'instruire, avec une grande impatience de comprendre. Rothberg s'embarrassait dans ses phrases, se perdait dans ses démonstrations ; il regrettait que Désodry ne pût entendre les leçons des illustres professeurs dont il avait si chaudement embrassé la doctrine, surtout celles de M. Tilmann, l'un des savans les plus distingués de l'Allemagne, qui parlait quatre heures sans s'arrêter, et qui, sans préjudice des longs articles dont il remplissait les journaux scientifiques, lançait au public un volume tous les mois.

Les affaires qui avaient amené M. Rothberg à Munich étaient sur le point d'être terminées; il se réjouissait de l'idée de retourner dans sa petite ville ; il en faisait un tableau délicieux à Désodry.
« Figurez-vous, disait-il, une ville peu-
» plée d'amateurs des lettres et des
» sciences, de véritables amans de la
» morale et de la philosophie; et dans
» le voisinage, à trois cents pas tout au
» plus, une école, une école célèbre.
» Là, dix professeurs, sous la surveil-
» lance, ou plutôt sous le gouverne-
» ment amical et fraternel d'un recteur,
» donnent des leçons à deux cents élè-
» ves; et parmi ces professeurs, le fa-
» meux Tilmann, un homme de génie,
» un grand homme; oui, un grand
» homme. » Ce fut l'expression dont se servit tout naturellement le libraire. Les Allemands ont de la bonhomie dans leur enthousiasme! « Pardon si
» j'en pleure, continua-t-il; mais quand

» je pense au nombre infini d'hommes
» sages, instruits et vertueux que ces
» leçons ont produits... Car ce ne sont
» pas seulement des jeunes gens qui
» viennent s'éclairer au flambeau de la
» science ; des personnes âgées, respec-
» tables, se trouvent heureuses d'être
» assises sur les bancs, et de prêter
» l'oreille aux accens du philosophe
» moraliste. Il y a, dans l'intérieur de
» l'école, des appartemens que le rec-
» teur se fait un plaisir, un devoir de
» louer à des étrangers. »—« Ah, Dieu! »
s'écria Désodry transporté, « si l'un de
» ces appartemens pouvait être vacant!
» Qu'importe, d'ailleurs? Quand je ne
» pourrais loger que dans la ville voi-
» sine... »

Aucun lien n'attachait Désodry à
Munich. Désirant ne pas quitter son
nouvel ami, jaloux d'habiter un pays
dont tous les habitans ne s'occupaient
que de vertu, de morale, d'instruction,

jaloux de se perfectionner dans la connaissance de cet absolu qui l'enthousiasmait, mais qu'il avait peine à comprendre, il partit avec le libraire philosophe.

5*

CHAPITRE II.

Nouvelles rêveries de Désodry.

DÉSODRY et son nouvel ami, le libraire
Rothberg, arrivèrent aux portes de la
ville où demeurait ce dernier vers le
milieu du jour. Le temps était superbe.
Le libraire montra de loin, à Désodry,
le collége situé à mi-côte, à trois cents
pas de la ville. Désodry reconnut que
M. Rothberg ne l'avait pas trompé en
lui faisant un tableau enchanteur du
lieu qu'il allait habiter. Au moment où
ils entrèrent dans la maison de l'université, les élèves étaient en récréation :
quelques-uns, mais en petit nombre,
et c'étaient les plus jeunes, jouaient aux
barres ou à la balle; les autres, déjà
grands, tous jeunes gens de seize à dix-

huit ans, se promenaient dans une cour plantée d'arbres. La vue était magnifique; elle s'étendait sur un beau jardin, où l'art avait eu besoin de bien peu d'efforts pour embellir la nature, et sur un vallon délicieux, borné à une grande distance par un riche coteau. En tournant les yeux on voyait une jolie petite ville, bien bâtie, s'élevant en amphithéâtre sur l'autre colline. Les professeurs étaient amicalement mêlés avec les élèves. A l'air de sérénité, de calme que Désodry crut remarquer sur toutes ces physionomies : « Il n'en faut pas » douter, s'écria-t-il, me voilà dans un » séjour de paix, de bonheur et de » vertu ! »

M. Rothberg présenta Désodry aux professeurs, qui l'accueillirent avec la franchise et la simplicité germaniques. Entre ces professeurs, se distinguait le fameux Tilmann, que Rothberg eut grand soin de désigner à Désodry. Cet illustre professeur était un homme de trente ans tout au plus. Son regard était vif, perçant, et cependant sa figure annonçait un homme habitué à réfléchir. Désodry, dans cette première entrevue, n'eut le temps d'examiner attentivement ni les élèves ni les autres professeurs; seulement, parmi ces derniers, il en remarqua un qui l'examinait lui-même avec beaucoup d'attention; et qui semblait moins affable que les autres. En allant avec M. Rothberg chez M. le recteur, Désodry apprit que ce professeur, moins affable, se nommait Walhen; que c'était peut-être le seul qui ne poursuivît pas avec ardeur les progrès de la science; qu'aussi, les habitans de la ville n'avaient pas pour lui autant d'enthousiasme et de respect que pour ses confrères.

Ils trouvèrent M. Muller, c'est ainsi que s'appelait le recteur, dans son cabinet, fumant sa pipe devant un pot de

bière. C'était un petit vieillard, vif,
vert et bien portant. Il annonça, d'un
air joyeux, à Désodry, qu'il y avait jus-
tement à louer un joli appartement,
dans un pavillon extérieur de la maison. Ils allèrent le voir sur-le-champ :
Désodry le trouva fort à son gré. L'idée
qu'il pourrait prendre dans ce lieu des
leçons de grammaire allemande et de
morale universelle redoubla son enthousiasme pour Kant et sa doctrine.
« Ah! oui, dit le recteur Muller, Kant!
» grand philosophe!... Mais si vous per-
» mettez, monsieur, puisque le pavillon
» vous convient, nous allons reprendre
» le chemin de mon cabinet pour y
» terminer nos arrangemens. » De retour chez le recteur, celui-ci fit appor-
ter de la bière et du vin du Rhin. Tout
en causant des clauses du loyer, il parlait philosophie, il faisait l'éloge de
Kant. « Grand philosophe! répétait-il;
» comme il recommande toutes les ver-

» tus, la générosité, la tempérance,
» le désintéressement, *et cœtera!* » et
il versait à boire, et il buvait outre
mesure ; et, malgré son désintéressement, il se montrait un peu arabe sur
les conditions du bail. Enfin, voilà Désodry au comble de la joie, installé
dans le petit pavillon qui est commode
et fort joliment meublé, ayant à ses or-
dres, pour le servir, un des domesti-
ques de la maison, qui se trouvait être
aussi un philosophe : tout le monde l'é-
tait dans l'université.

Désodry suivit les leçons de M. Tilmann avec plus d'assiduité que l'élève
le plus zélé. Les grandes lumières, les
connaissances profondes, l'éloquence
entraînante, et surtout les principes
aussi élevés que rigides du professeur,
avaient achevé de porter au comble
l'enthousiasme de Désodry. Il y avait
bien encore quelque chose d'obscur
dans la doctrine qu'on lui enseignait;

mais ce qu'il comprenait lui paraissait sublime, et lui faisait trouver encore plus sublime ce qu'il ne comprenait pas : il se flattait de parvenir bientôt à la connaissance pleine et entière de l'absolu.

Un matin, Désodry se promenait solitaire sous les arbres de la cour, s'abandonnant à ses rêveries. Il pensait avec douleur qu'il était séparé pour bien long-temps peut-être de ses enfans, de sa sœur, de moi; puis, il éprouvait quelque douceur en considérant le lieu paisible où il avait la consolation de passer son exil. « Le reste du monde, » disait-il, est livré aux horreurs de la » guerre, à la haine, aux déchiremens » des partis : ici règnent la concorde, » le calme et l'étude. » Il se rappelait son séjour au séminaire : « Quelle dif- » férence ! s'écriait-il ; où sont ces pas- » sions ardentes, haineuses, qui agi- » taient tous ces prêtres ? Ici, je ne

» vois que des passions nobles, géné-
» reuses... » En ce moment, il aperçut sous les arbres, et se promenant
comme lui, M. Walhen, ce professeur
qui, à son arrivée, l'avait accueilli avec
moins d'affabilité que les autres. Depuis
le peu de temps qu'il était dans la maison, Désodry avait cru remarquer que
ce M. Walhen avait le même éloigne-
ment pour lui, ou du moins le même
défaut d'empressement. Il est assez naturel que nous recherchions ceux qui
nous fuient, quand ce ne serait que
pour savoir les motifs de leur conduite.
Cette disposition existait avec force dans
une âme vive et prompte comme celle
de Désodry. Il saisit donc cette occasion
de causer avec M. Walhen; il n'eut
qu'à se louer de l'entretien. M. Walhen lui dit avec bonté, sans trop de
pédanterie, que s'il avait montré quelque froideur, c'est qu'en général il n'aimait pas à se jeter à la tête des gens.

Mais quelle fut la surprise de Désodry, lorsqu'après avoir, selon son usage et toujours plein d'enthousiasme, fait un éloge pompeux du fameux professeur Tilmann, l'un des aigles de la maison, il vit M. Walhen sourire avec pitié, que bientôt il l'entendit parler avec mépris, non-seulement du professeur Tilmann, mais encore de ce système qui lui avait paru si beau et avec encore plus de dérision et de mépris de l'auteur même de ce système, du grand philosophe moraliste Kant dont le nom n'était parvenu aux oreilles de Désodry qu'avec vénération! Fort étonné, « Et » quelle est donc, selon vous, la règle » de conduite qu'il convient à l'homme » de suivre, » demanda-t-il à Walhen ? — « Celle qui m'est tracée par mon » maître et mon guide, le grand Leib- » nitz. Croyez-moi, son système est le » seul que la raison doive adopter. » — « Et en quoi consiste ce système ? »

— « Il consiste à pratiquer la vertu par
» le désir du perfectionnement. » —
« Oh ! oh ! se dit Désodry, ceci me pa-
» raît bien haut. Mais c'est plus clair,
» je crois, que l'absolu. Après tout,
» puisque le but est toujours de prati-
» quer la vertu, puisque j'ai tant fait
» que de me remettre au collége à près
» de quarante ans, quel mal y aurait-
» il de m'instruire dans cette nouvelle
» doctrine? » Il questionna beaucoup
Walhen. Celui-ci, comme tous les sec-
taires, était encore plus l'ennemi des
autres doctrines que l'enthousiaste de
la sienne. Il apprit à Désodry que la
majorité des professeurs et des élèves
étaient partisans de la doctrine de Kant,
enseignée publiquement dans la maison; mais qu'il y avait une assez forte
minorité à la tête de laquelle il s'était
placé, qui dans des conférences secrètes, s'occupait de la seule et vraie philosophie, celle qui tend au perfection-

nement, et que lorsqu'ils seraient assez forts pour se montrer, ils espéraient bien changer le mode d'enseignement et renverser les autels de Baal : c'est ainsi que Walhen nommait le grand philosophe que les autres révéraient comme un vrai prophète.

Les diatribes de Walhen contre Tilmann n'avaient pas détruit l'enthousiasme de Désodry pour ce dernier ; mais elles avaient jeté quelque trouble dans son esprit. Pour cette fois, Walhen s'était contenté de donner à Tilmann le nom de rêveur inintelligible. Le soir, Tilmann qui avait vu Désodry causer avec Walhen, lui dit qu'il eût à se défier des paradoxes de ce dangereux partisan des vieilles erreurs. Le lendemain, Walhen, en causant avec Désodry, traita Tilmann d'effronté novateur. Le lendemain, Tilmann dit à Désodry, que Walhen était un faux et pervers sophiste. Je ne sais si l'un des deux n'alla pas jusqu'à traiter l'autre d'absurde scélérat. Y avait-il dans cette petite université plus d'accord que dans les couvens de moines, les séminaires, les communautés de femmes, les sociétés de comédiens, et autres congrégations ?

Désodry continuait de suivre les leçons publiques de Tilmann ; en même temps, il suivait les conférences secrètes de Walhen, auxquelles il avait été admis. Il se passionnait et il s'enthousiasmait toujours pour le professeur qu'il écoutait ; toutefois sa perplexité augmentait ; les deux professeurs étaient tellement en opposition ! Pour s'éclairer, il crut devoir consulter le recteur Muller. « Que pensez-vous, lui dit-il, » de Leibnitz et de sa doctrine ? » — « Leibnitz, répondit Muller ! grand, » admirable philosophe ! sa doctrine ? » excellente, admirable ! » — « Mais, » M. le recteur, je vous ai entendu faire

» l'éloge de la doctrine de Kant. » —
« Je ne m'en dédis pas : Kant? admi-
» rable, grand philosophe ! sa doctrine ?
» admirable, excellente ! » Je ne sais si
le recteur Muller devait sa place à son
mérite ; mais on voit que, si on l'eût
laissé faire, le monde aurait vécu en
paix, et qu'il n'était pas exclusif dans
ses admirations. « Eh bien ! pensa Dé-
» sodry, quel danger d'écouter à la fois
» les leçons qui mènent au perfection-
» nement et celles qui doivent me me-
» ner à l'absolu ? Hors l'animosité qu'ils
» ont l'un contre l'autre, Tilmann et
» Walhen ne sont-ils pas des hommes
» éminemment vertueux. »

Ces professeurs si éclairés en morale
et en philosophie ne dédaignaient pas
les belles-lettres. L'univers sait que la
littérature allemande, vraie littérature
romantique , est la première de l'univers : lisez les prologues et les pré-
faces de tous les auteurs de la Ger-

manie , lisez surtout les gros ouvrages des critiques et des rhéteurs allemands , si gonflés d'importance quand ils parlent d'eux et des leurs , si dédaigneux quand ils parlent des écrivains des autres pays. C'est en Allemagne que la littérature exerce le plus d'influence sur les mœurs; aurait-on rencontré ailleurs une troupe de jeunes écervelés capables de vouloir se faire voleurs pour avoir vu une pièce de théâtre où un chef de brigands joue un rôle de héros? Il n'était donc pas étonnant que les élèves et les professeurs mêlassent à leurs discussions philosophiques la mélancolie du cœur qu'ils admiraient dans les romans, dont il se fait tous les ans une si nombreuse émission. Comme ces professeurs fréquentaient beaucoup la petite ville voisine, déjà, grâce à eux, si enthousiaste de philosophie, l'exemple de leurs mœurs avait aussi influé sur les mœurs des habitans. Il y

en avait peu qui ne fussent à la fois
philosophes et romantiques. C'était surtout sur l'esprit et le cœur des femmes
que leur empire s'était exercé; il n'y
avait pas de fille de barbier ou de cor-
donnier qui ne se crût destinée à devenir l'héroïne d'un roman. Il était bien
difficile qu'un caractère comme celui
de Désodry échappât à la contagion.
Aussi, ne tarda-t-il pas à devenir encore
plus sentimental que dans les premiers
temps de sa liaison avec sa femme.

Désodry, un livre à la main, s'était
égaré dans la campagne; il admirait la
nature, et sa riche végétation. Tout à
coup, il aperçoit sur un petit monti-
cule, entre quelques arbres épars et
sur une verte pelouse, une femme étendue nonchalamment; un chapeau de paille
orné d'un simple ruban est attaché à
l'un des arbres sous lesquels elle re-
pose; une robe blanche, une ceinture
lilas forment sa parure; ses cheveux

blonds tombent en boucles sur ses épau-
les ; sa tête est appuyée sur sa main
droite, dans laquelle est un livre; son
autre main qu'elle laisse mollement re-
tomber tient un bouquet de coquelicots
et de bleuets, que probablement elle a
cueillis elle-même dans les champs ;
un soulier élégant de la même couleur
que la ceinture presse son pied délicat.
Ses beaux yeux sont ouverts ; elle ne
dort pas, mais elle paraît rêver profondément.

Désodry approche et reconnaît en elle
une jeune dame arrivée quelque temps
avant lui dans le pays, et qu'il avait vue
plusieurs fois dans la boutique du libraire Rothberg, où il se rendait fré-
quemment, tant par amitié que pour
avoir des nouvelles de France par les
papiers publics. Là, il avait appris que
la jeune dame se nommait Anna Bérenthal, qu'elle était veuve d'un ministre
luthérien ; que son mari, lui ayant laissé

pour tout douaire une grande quantité
de sermons manuscrits, elle venait chez
Rothberg pour tâcher d'en tirer quelque parti ; mais que le libraire avait
calculé que , dans ces sermons fort touchans, fort édifians, fort éloquens d'ailleurs, il n'y avait pas assez de controverse
théologique et philosophique. Dans la
boutique du libraire , Désodry n'avait
fait aucune attention à la beauté de madame Bérenthal ; mais sur ce tertre !
au milieu des arbres verts ! en la voyant
étendue mollement sur le gazon , un livre dans une main, un bouquet de fleurs
dans l'autre ! il la trouva ravissante. En
passant près d'elle , il lui fit un profond
et respectueux salut. Elle était si absor-
bée dans sa rêverie qu'elle ne l'aperçut
point. Il revint sur ses pas et la salua
de nouveau. Ce ne fut qu'à la troisième
révérence , qu'ayant l'air de sortir d'un
songe, elle rendit le salut à Désodry; et,
avec une grâce enchanteresse , elle lui

demanda pardon de son incivilité ; car il lui semblait que monsieur l'avait déjà saluée plusieurs fois. Dès lors, voilà la conversation engagée. Quel était le livre que tenait la belle personne ? les passions du jeune Werther. Heureuse occasion pour Désodry de développer toute la sensibilité de son âme ! Quel était le livre que tenait Désodry ? le Guide des Sensations du cœur et des opérations de l'esprit, par le docteur Athanasius Altembrok. La belle occasion pour la dame d'annoncer son goût pour l'étude, pour les sciences, mais surtout pour la morale ! On parla des richesses de la nature, des nobles facultés de l'âme, du beau idéal, des grands et purs sentimens... Que sais-je tout ce dont on parla? L'entretien s'était prolongé; il était nuit quand Désodry reconduisit à sa porte la belle Anna Bérenthal. La lune qui s'était levée avait ajouté à la mélancolie et à la sensibilité des deux personnages.

Depuis ce moment, Désodry fut moins assidu aux cours des professeurs. Quelquefois, avec discrétion, il osa se présenter chez la dame : elle habitait seule avec une servante, et ne recevait personne. Mais le plus souvent, on se rencontrait à la promenade, dans la campagne, tantôt au pied du torrent d'où se précipitait la petite rivière qui faisait le tour de la ville, tantôt sur les bords fleuris de cette rivière qui serpentait dans la prairie, tantôt sur le sommet de la colline, tantôt dans le fond des vallées.

Un jour, le ciel était couvert de nuages qui se heurtaient, et Désodry, avec éloquence, peignit l'état de son cœur qui était encore plus orageux que l'atmosphère; à ces paroles, Anna devint tremblante, et des larmes s'échappèrent de ses yeux et de son âme. A dater de cette époque, il s'établit entre ces deux personnes, si bien faites pour s'entendre, un lien d'estime, de confiance, d'amitié, il faut bien le dire enfin, d'amour, d'amour exalté. Ils imaginèrent de composer ensemble un roman, un roman épistolaire. Désodry écrivit la première lettre ; madame Bérenthal fit la réponse : c'est là qu'à l'envi, ils se perdaient sur les hauteurs, ou se plongeaient dans les profondeurs du sentiment. Désodry écrivait : « *O femmes, vous êtes* » *les grâces du jour, et la nuit vous aime* » *comme la rosée.* » Madame Bérenthal lui répondait : « *O amour, pourquoi* » *as-tu enlacé dans tes berceaux de ro-* » *ses des branches de cyprès ?* » Bientôt, la belle Anna témoigna le désir de s'instruire dans la philosophie morale. Désodry, qui ne se sentait pas assez fort pour expliquer à son amante tous les mystères de l'absolu, lui amena son ami, le professeur Tilmann. Qu'il était heu-

reux de satisfaire ainsi les désirs de la
sensible Anna ! que sa vanité était flat-
tée de faire connaître à son ami Tilmann de quelle belle personne il avait
touché le cœur ! comme il jouissait de
voir les rapides progrès de son amante
dans la philosophie de l'absolu !

Désodry faisait une grande dépense ,
et on ne l'appelait que le riche émigré :
jamais il n'a su ce que c'était que l'éco-
nomie. En se chargeant des frais de
l'impression , il décida le libraire Rothberg à publier une édition du roman
fait en commun , même une édition des
sermons du mari d'Anna Bérenthal , et
à en donner un bon prix à la veuve : il
se félicitait de la délicatesse avec laquelle il avait su lui faire ce petit ca-
deau. Plus épris de jour en jour, il calculait que madame Bérenthal était pauvre ; mais qu'il était encore riche, que
par son divorce il était libre de se re-
marier. « Ah ! s'écriait-il, elle est ver-

» tueuse, elle est sensible : quelle aima-
» ble belle-mère à donner à mes enfans!»

Un petit incident fort ordinaire vint
déranger ces beaux projets. Désodry
reconnut, à n'en pouvoir douter, que
Tilmann, le vertueux Tilmann, cet
ami qu'il avait amené lui-même chez
Anna pour lui donner des leçons de
morale et de philosophie, était son rival près de la jeune veuve, et son rival
tout-à-fait heureux. « Quelle horreur!
» Voilà donc, s'écriait Désodry, cet
» homme si moral! voilà cette femme
» si sentimentale! Est-ce là que nous
» conduisent le romantique et l'ab-
» solu? » Il ne retourna plus chez la
perfide; il fut tenté d'appeler en duel
le professeur Tilmann : il pensa que le
mépris devait remplacer la colère,
et que l'étude pourrait le distraire
de ses chagrins; mais il renonça tout-
à-fait à l'absolu : c'est vers la doctrine
du perfectionnement humain qu'il tour-

na ses regards; c'est dans cette doctrine
qu'il voulut chercher des consolations,
et il était plus assidu que jamais aux
conférences du bon et honnête Walhen.

Un soir, ce bon Walhen vint trouver
son ami Désodry. Il paraissait fort en
peine, fort embarrassé; il semblait
avoir besoin d'épancher un secret dans
le sein d'un ami. Désodry le pressa de
parler : Walhen parut enfin céder
aux instances de l'amitié. Il fit l'aveu à
Désodry que, pour acquitter une dette
d'honneur envers un créancier malheureux dont il avait reçu, le jour même,
une lettre bien touchante, il avait le
plus pressant besoin d'une somme de
deux cents ducats. A l'instant même,
Désodry court à son secrétaire, en tire
deux rouleaux d'or qu'il présente à
Walhen : il voulait absolument lui prêter davantage, mais Walhen se contenta
des deux rouleaux.

Le lendemain, on apprit qu'un pro-

fesseur de l'école avait disparu avec
une dame de la ville. Quel était le professeur? Le bon et honnête Walhen, ce
vertueux philosophe dont tous les efforts, disait-il, tendaient à se perfectionner dans la vertu. Quelle était la dame?
La belle et sensible Anna Bérenthal,
qui trouvait en elle assez de sentiment
pour répondre à l'amour exalté de trois
philosophes. On apprit de plus que cette
belle Anna était une aventurière romantique habituée à faire des dupes
sentimentales ; qu'elle connaissait Walhen depuis long-temps ; que ce bon
philosophe quittait l'école parce que
son système n'y avait pas assez de succès;
qu'Anna fuyait avec lui parce qu'elle
n'avait plus rien à espérer du riche
émigré. « Ah ! se disait Désodry, est-ce
» ainsi qu'ils pratiquent ce qu'ils ensei-
» gnent ? Sur quel système de morale
» fonder ma conduite ? Je suis revenu
» de l'absolu ; je ne crois plus à la doc-

» trine du perfectionnement : quel
» parti embrasser ? »

Il y avait parmi les professeurs de
l'école un homme raisonnable qui était
toujours resté neutre dans les querelles
philosophiques de ses confrères, qui,
par conséquent, était détesté de tous.
Désodry lui confia ses peines, et en
même temps, il maudissait de tout son
cœur Kant et Leibnitz. « Ne maudissez
» pas ces hommes vertueux, » lui répondit son respectable confident ; « ils
» ont été de vrais philosophes : leur
» conduite a été conforme à leurs
» principes. Les faux amis dont vous
» vous plaignez ont été entraînés par
» leurs propres passions, et non par
» les leçons de leurs maîtres. Les grands
» philosophes prêchent d'exemples et
» de paroles, mais ils sont rares ; et
» qu'ils sont nombreux, les prédica-
» teurs dont la conduite dément les
» sermons ! »

6*

Je dois dire que peu de temps après, Walhen, qui était allé professer la morale dans une autre école, fit passer à Désodry les deux cents ducats qu'il lui avait empruntés pour emmener la belle romantique.

CHAPITRE III.

Retour en France.

La France respirait. L'épouvantable régime de la terreur avait cessé ; mais les lois contre les émigrés subsistaient encore dans toute leur vigueur. Ma correspondance avec Désodry éprouvait bien des obstacles ; mais enfin je lui écrivais , et quelques réponses m'arrivaient. Depuis plus de deux ans , ni Désodry ni moi n'entendions parler de sa femme. Pendant la première année après le divorce , sachant la ville où elle s'était retirée , ses enfans lui avaient écrit ; elle leur avait répondu ; mais ensuite les lettres étaient restées sans réponse. Nous avions éprouvé des pertes cruelles : M. Lecoq , l'oncle de ma

femme, n'était plus ; sa femme lui avait
peu survécu. Blessé deux fois en remplissant à l'armée mes honorables fonctions d'officier de santé , j'avais quitté
le service militaire ; j'étais revenu exercer la médecine à Montereau; j'y avais
retrouvé des amis , de bonnes gens enchantés de me revoir , et se réjouissant
d'être échappés comme moi aux persécutions. Cependant, je quittai de nouveau la ville où j'étais né.

Père de deux enfans, chargé de plus
de mes deux neveux et de ma nièce,
pour être plus en état de donner une
bonne éducation à cette nombreuse famille, je conçus le projet d'entrer dans
l'instruction publique. Le directoire venait de fonder l'école Normale. Je fus
désigné pour être l'un des élèves de
cette célèbre et mémorable école. Après
avoir suivi assidûment les cours, je
fus nommé professeur de Botanique et
d'Histoire Naturelle à l'école centrale

du département de Seine-et-Marne, et nous allâmes nous établir à Melun.

Ces chers enfans commençaient à grandir, et j'avais le bonheur de les voir se tourner vers le bien. Pendant mon séjour à l'armée, ma femme et ma mère leur avaient donné des leçons si pures, des exemples si touchans ! Paul mon fils avait onze ans, Julie ma fille en avait neuf ; Alfred, l'aîné des enfans de Désodry n'avait que six mois de plus que ma fille ; Gustave le cadet avait huit ans, la jeune fille Évelina allait avoir bientôt six ans. Ai-je besoin de dire que mes neveux et ma nièce étaient traités, chéris de ma femme, de ma mère et de moi comme mon fils et ma fille ? Marguerite, l'ancienne bonne de ma femme et de Désodry était toute glorieuse de se trouver encore la bonne de tous les petits-enfans de son ancienne maîtresse.

Que j'aimais nos longues promenades

avec cette jeune et nombreuse famille! Les trois garçons, vêtus d'habits
semblables, jouaient et couraient en
avant ; suivaient ma femme, ma fille
et la petite Évelina, portant aussi toutes les trois des robes et des chapeaux
semblables. Je fermais la marche avec
ma mère, qui, de la main gauche, s'ap-
puyant sur une canne, et de l'autre,
sur mon bras, contemplait avec amour
toute cette troupe d'enfans, qu'elle appelait une jolie petite couvée ; puis,
considérant avec complaisance combien
ma femme était encore jeune et fraîche : « Vois, me disait-elle, si l'on ne
» prendrait pas ma bru, ma petite-fille
» et ma nièce pour les trois sœurs. »

Quelquefois cependant, les enfans
de Désodry faisaient un triste retour sur
eux-mêmes, en comparant leur sort à
celui de Paul et de Julie. Ils voyaient
Paul et Julie recevoir les caresses et les
soins de leur père, de leur mère ; ce

père, cette mère, qui leur prodiguaient aussi les soins et les caresses, n'étaient pour eux qu'un oncle et une tante. Leur père était absent ; on osait à peine leur parler de leur mère ; ils étaient moins heureux que leur cousin et leur cousine. Oh ! si les maris et les femmes pouvaient calculer à quels dangers, à quels malheurs, leur désunion expose leurs enfans ! de quelle résignation ils s'armeraient pour s'accorder une mutuelle indulgence ! Les enfans de Désodry n'étaient pas envieux ; il n'aurait fallu qu'une occasion pour qu'ils le devinssent. Grâce à nos soins, elle n'arriva point. Ils avaient pour nous une tendresse filiale.

Avez-vous observé quelquefois une troupe d'enfans réunis ? avez-vous remarqué l'air de bonté, de franchise et de bonheur qui anime leurs physionomies ? Quelle différence avec les signes d'orgueil ou de bassesse, de colère ou de

fausseté , avec l'empreinte de préoccu-
pation, d'inquiétude, ou d'ennui qu'on
voit dans les traits d'une multitude
d'hommes ! En contemplant mes enfans , mes neveux et mes nièces : « Ah!
» me disais-je, sera-t-elle heureuse, se-
» ra-t-elle fatale , la grande influence
» que vont bientôt exercer sur ces ca-
» ractères si aimables, si bons aujour-
» d'hui, les passions, les mœurs pu-
» bliques et les circonstances? »

L'amitié entre les cinq enfans était
aussi vive que sincère ; mais c'était surtout entre mon fils et la fille de Désodry,
que cette amitié me paraissait touchante.
Paul, l'aîné des cinq, avait les plus tendres prévenances pour la petite Évelina,
qui était la plus jeune. Il s'était fait en même temps son instituteur et le directeur
de ses jeux enfantins; tour à tour, il lui
montrait à lire et il jouait avec elle. La
petite répondait avec une naïve reconnaissance aux attentions de son cousin.

Elle le cherchait sans cesse ; elle venait sans cesse le distraire de ses études ; elle n'était bien qu'avec lui, elle ne faisait de progrès qu'avec lui. Cette espèce de prédilection de Paul pour Évelina, et d'Évelina pour Paul, n'avait pas échappé à ma femme, et lui avait fait naître de douces idées pour l'avenir. « Ah ! mon ami, me disait-elle, que ce » serait heureux ! » — «Eh quoi donc?» répondais-je. — « Je mettrais ma » main au feu que Paul et Évelina s'ai-» meront, se marieront. » — « Prends » garde ! ta pauvre tante Lecoq et toi, » vous avez été trompées bien souvent » dans vos conjectures. » — « Oui; mais » ici...» Une circonstance qui charmait peut-être encore plus ma femme, c'est qu'en voyant l'espèce de préférence de Paul pour Évelina, notre Julie semblait aussi, dans l'espoir de plaire à son frère, redoubler d'amitié pour sa cousine. C'était elle qui présidait à la toi-

lette de la petite fille ; elle l'amenait à
Paul, et quand Paul trouvait qu'Évelina, sous tel ou tel ajustement, était
encore plus jolie, sa sœur s'empressait
de lui dire que c'était elle qui avait ainsi
paré sa cousine. « Ah ! ma chère fille,
» disait ma femme, tu aimes ton frère
» comme déjà j'aimais le mien à ton
» âge. »

On commençait à obtenir des radiations de la liste des émigrés : j'avais
sollicité celle de mon ami. On me l'avait
fait espérer, et provisoirement j'avais
obtenu pour lui une permission de revenir, en restant en surveillance ; je
m'étais empressé de la lui envoyer.
Mais Désodry ne me répondait pas, et,
dans mon inquiétude, je projetais de
l'aller chercher moi-même en Allemagne.

Un matin, je venais de partir avec
mon fils et quelques élèves ; nous allions
herboriser dans la forêt de Fontaine-

bleau. Nous n'avions pas encore traversé
le pont de Melun, lorsque je vois mon
jardinier accourir tout essoufflé ; il
m'appelle, il m'annonce qu'un étranger vient de descendre de voiture à notre porte, que madame l'a chargé de
courir bien vite après nous. Je laisse
mes élèves, je retourne en toute hâte
sur mes pas avec mon fils ; j'arrive, et
je vois mon cher Désodry entre les bras
de sa sœur et de ses enfans.

Au lieu de me répondre, il s'était
mis en route. Avec quelle affectueuse
curiosité ma femme examinait son frère !
Je le trouvais beaucoup mieux qu'à notre dernière entrevue, lorsqu'à Maestricht il était venu me demander un
billet d'hôpital. Il ne se lassait pas d'embrasser ses fils, sa fille, sa sœur, son
ami ; il nous remerciait de tous les services que nous lui avions rendus. Le
plus important, le plus cher à son
cœur, était d'avoir eu des soins pater-

nels pour ses enfans. Ses yeux se por-
taient sur sa fille avec un mélange de
peine et de plaisir. Il nous avoua qu'il
était frappé de la ressemblance de cette
enfant avec sa mère. « Toujours point
» de nouvelles ? » ajouta-t-il. — « Au-
» cune, » répondis-je. — « Malheureuse
» femme ! » reprit-il en soupirant.
Puis, il serrait de nouveau ses enfans
dans ses bras.

Le soir même, j'eus avec lui une
conversation sur ce qu'il allait faire. Il
me paraissait évident que, d'après tous
les motifs qui avaient provoqué sa fuite,
on ne pouvait lui refuser sa radiation.
La fortune de ma femme et la mienne
étaient restées intactes. Les malheurs
de Désodry, ses voyages, son inscrip-
tion sur la fatale liste, avaient considérablement diminué la sienne. Le do-
maine public avait voulu s'emparer de
sa part dans la succession de son oncle
et de sa tante Lecoq; nous avions re-

tardé le partage, les procédures; nous lui avions conservé tout ce qu'il nous avait été possible de sauver. Quoi qu'il arrivât, nous étions bien décidés à partager avec lui par moitié. Notre procédé ne le surprenait pas, mais il en était vivement touché. Il refusait; nous insistâmes au nom de ses enfans; il consentit. Un peu plus tranquille sur son sort : « Mon cher Aubin, me dit-il, » nous ne sommes pas encore vieux; » mais nous ne sommes plus jeunes : le » temps des folies est passé pour moi, » et je ne veux plus écouter que la rai- » son. » Alors, il m'expliqua que son intention était de chercher à Paris quelque place dont les émolumens, joints à la petite fortune qui lui restait, pussent encore procurer une existence agréable à lui et à ses enfans. Je l'approuvai, je le félicitai de ce qu'en remplissant une place, il allait enfin accomplir le projet qu'il avait si

long-temps formé d'être utile à ses semblables. « Utile à mes semblables! » reprit-il en souriant, » Eh quoi! Aubin,
» resterais-tu encore livré à ces folles
» idées? Bien dupe, celui qui consacre
» sa vie à s'occuper des autres : la vé-
» ritable sagesse est de ne songer qu'à
» soi. »

Ma femme et moi nous nous regar-
dâmes : nous étions consternés d'entendre un tel langage sortir de sa bouche.
Il était tard ; Désodry était fatigué :
nous le conduisîmes à la chambre que
nous lui avions fait préparer.

CHAPITRE IV.

Nouveau système de morale.

« Oui, mon cher, » me dit Désodry, d'un ton suffisant et léger, lorsque le lendemain je lui témoignai ma surprise du mot qui lui était échappé la veille, « il n'est qu'un sot, celui qui » songe à se sacrifier aux autres, tan- » dis que nous vivons dans un monde » où tous les hommes s'empressent de » sacrifier les autres à eux-mêmes. J'ai » reconnu mes erreurs ; j'ai reconnu » le véritable système de morale que » l'homme doit adopter ; il faut songer » à soi ; il faut régler sa conduite dans » la vue de se procurer du bien-être et » du bonheur. Ne va pas t'imaginer, » s'empressa-t-il d'ajouter, comme ef-

frayé des conséquences d'une pareille
doctrine, « que je songe à vivre en vil
» égoïste. Je soutiens que le système de
» tout faire pour se rendre heureux est
» à la fois la route du bonheur et de la
» vertu : non pas de ces vertus qui con-
» sistent dans un dévouement aveugle
» pour l'humanité, et qui, à les consi-
» dérer avec les yeux de la raison, ne
» sont que des actions de dupes ; mais
» de ces vertus douces et faciles qui
» tendent à rendre heureux nous et les
» nôtres par l'accomplissement de nos
» devoirs naturels. En déclarant que je
» veux tout faire pour moi, je suis loin
» de dire que je ne veux rien faire pour
» les autres ; mais, au lieu de les servir
» par un mouvement d'affection, je les
» servirai par un mouvement d'intérêt.
» Oui, j'aiderai ceux dont j'aurai besoin,
» comme je désire être aidé par ceux
» qui auront besoin de moi. C'est un
» contrat, c'est un échange. Et ne crois

» pas que je renonce à mes affections ;
» je serais trop malheureux si je cessais
» d'aimer mes enfans, ma sœur, et un
» bon et ancien ami comme toi ; mais,
» en conscience, est-ce pour eux qu'on
» chérit ses amis ? on le dit ; on s'en
» vante ; on s'abuse, ou on ment. C'est
» pour soi, c'est pour son propre bon-
» heur ; et de même qu'on n'est mé-
» chant, dur, inhumain, lâche, traî-
» tre, vicieux en un mot, que par un
» excès d'amour de soi, de même
» on n'est bon, humain, charitable,
» généreux, vertueux en un mot, que
» par un amour de soi bien entendu
» et bien ordonné. » Désodry était tout
triomphant du beau discours qu'il venait de me faire ; il semblait croire sans
réplique les argumens qu'il venait de
débiter. Il y avait dans son air un mélange de pédant et de petit-maître. « Je
» m'en souviens, lui répondis-je, ce
» bon docteur Thierry, dont les le-

» çons sont toujours présentes à ma
» mémoire, nous disait : Toutes les pas-
» sions humaines prenant leur source
» dans l'amour de soi, le chemin est
» glissant, la pente est rapide, entre
» l'amour raisonnable de soi-même et
» l'égoïsme. » — « Oui, sans doute, » reprit légèrement Désodry ; « chemin
» glissant, pente rapide.... Mais un
» homme fort et maître de lui sait y
» marcher d'un pas ferme. Non, je ne
» serai point un égoïste; mais, j'y suis
» décidé, je ne veux plus songer qu'à
» moi.... et aux miens, » ajouta-t-il,
après un moment de réflexion.

C'était pendant sa longue route de
l'Allemagne à Melun, c'était après avoir
été dupe de ceux mêmes qui faisaient
métier d'enseigner la morale, que Désodry s'était enflammé pour cette sédui-
sante et dangereuse doctrine. Éclairé
sur les périls des systèmes qu'il avait
suivis, il ne voyait pas les dangers du

système qu'il embrassait. L'état des mœurs de la France n'était que trop propre à le fortifier dans ses nouvelles idées.

Après s'être livrée avec transport à un noble patriotisme dont le résultat avait été l'horrible régime de la terreur, à laquelle succédaient des querelles sanglantes de parti, des intrigues, des guerres intestines et extérieures, la nation était tombée dans une espèce d'apathie morale. Ce n'était plus la liberté qu'elle voulait, c'était la tranquillité, la sécurité. Des révolutions sans cesse renaissantes avaient éteint cet esprit public que j'avais vu briller avec tant d'éclat : nous devions subir bien des épreuves avant qu'il essayât de renaître. Avec cette disposition générale, chacun, comme Désodry, n'était que trop porté à ne songer qu'à soi et aux siens : jamais époque ne fut plus favorable à propager l'égoïsme. On sait quels ravages il a faits parmi nous, et comme il a secondé les oppressions dont nous avons été la proie.

Pressé d'obtenir sa radiation, Désodry voulut partir le jour même pour Paris. Je l'accompagnai. Je pouvais l'aider dans ses démarches ; j'avais des connaissances honorables près des membres du gouvernement. Je me proposais d'employer leur crédit en sa faveur. Tandis que j'étais allé chez les gens sur lesquels je comptais, Désodry, avide de revoir Paris et ses anciens amis, parcourait la ville.

J'éprouvai ce qu'on éprouva bien plus par la suite. De quelque classe que sortent les hommes puissans, presque toujours il faut du temps et de la peine pour arriver jusqu'à eux. On faisait déjà antichambre chez les ministres de ce temps-là. On sait à quel degré de perfection leurs successeurs ont porté l'art de faire attendre. Cependant, je parvins jusqu'aux personnes que je voulais voir ; mais, hélas ! je les quittai avec plus de crainte que d'espoir.

L'atmosphère politique fut très-variable sous le directoire ; et selon les complots dont nos gouvernans étaient environnés, tantôt on était indulgent pour les émigrés, tantôt on les poursuivait à toute outrance. On était plus prompt à changer de système d'administration que Désodry ne l'était à changer de système de morale. Au moment où j'avais obtenu pour lui une surveillance, on était dans un accès d'indulgence ; au moment où nous arrivâmes à Paris pour solliciter sa radiation, on était dans une crise de sévérité, et l'on me fit entendre qu'au lieu de le rayer définitivement, on pourrait bien songer à révoquer sa surveillance.

Lorsque je lui annonçai cette nouvelle, il fut d'autant plus consterné, qu'il arrivait à moi plein de confiance

dans mes démarches. Je cherchai à lui
rendre le courage ; je n'avais pas encore perdu tout espoir. Mes discours firent peu d'impression sur lui. Mais le
soir, je le revis tout joyeux ; plus habile et plus alerte que moi ; il revenait
presque certain de réussir.

Le premier ami qu'il avait cherché
était Duclair ; il avait appris que le
cher Duclair, après avoir eu de grandes
places dans les administrations militai-
res, s'était embarqué avec l'expédition
d'Égypte ; mais qu'il avait relâché dans
je ne sais quel petit port de l'Italie,
et que depuis on n'en avait pas entendu parler. Cette nouvelle contra-
ria Désodry. Il avait compté sur les ressources de son ami Duclair ; heureusement, parmi quelques autres amis
qu'il avait rencontrés, il s'en trouva
un qui jadis avait été sous - rédac-
teur de leur journal, le citoyen Thibaut, depuis garde-magasin aux ar-

mées, ensuite employé au comité de salut public, et maintenant se mêlant de courtage et de commision à la bourse, dans les comptoirs et dans les ministères.

Le matin, Désodry comptant sur moi s'était vanté à tout le monde de sa prochaine radiation ; le soir, il fut obligé de changer de langage. « Ne vous dé- » solez pas, » lui dit son ami Thibaut, touché de sa situation. Sur-le-champ il mena Désodry chez une belle dame qui, pour bien employer sa journée, le matin faisait des affaires, et le soir donnait à jouer. Cette dame, pendant le temps des assignats, avait commencé à s'enrichir en faisant le commerce ; alors, elle parcourait Paris à pied ou en cabriolet, portant des échantillons d'étoffes de soie, de laine ou de coton, de café, de sucre ou de cacao, chez les consommateurs ou dans les magasins des négocians, achevant des marchés, même au spectacle et dans les bals. Maintenant, elle s'occupait beaucoup de surveillances, de radiations et de fournitures. On la voyait dans les bureaux des ministères, dans les antichambres des ministres, et aux audiences du directoire. Elle se nommait madame de Saint-Alme ; elle était fort élégante et d'un excellent ton. Chemin faisant, Désodry exprimait à Thibaut ses inquiétudes et ses doutes sur le crédit de la belle dame. « Dans ce » moment, disait-il, les radiations sont » si difficiles ! comment espérer.....? » — « Oui, difficiles, répondit Thibaut, très-difficiles pour tout le monde ; mais pour elle... ! » Ils arrivèrent. Madame de Saint-Alme les reçut de la manière la plus gracieuse. Elle écouta fort attentivement les confidences de Désodry. Tout en faisant avec beaucoup d'aisance les honneurs de son salon, elle s'attendrit sur les malheurs d'un père de famille aussi recommandable, et lui promit que sous deux jours il serait rayé de la fatale liste. Désodry était aux anges, et il ne savait comment exprimer sa reconnaissance à cette dame de Saint-Alme, qui lui apparaissait comme une fée bienfaisante. En sortant, l'ami Thibaut s'extasiait sur l'obligeance et le désintéressement de la dame : « Que » lui faut-il pour la faveur qu'elle va » vous obtenir ? Une bagatelle, un dia- » mant ou un schall. Quant à moi, je » suis encore moins cher ; un petit droit » de commission, un léger pot-de-vin » en argent, et je serai si heureux d'a- » voir obligé mon ancien protecteur ! »

J'étais fâché de voir Désodry sollici- ter à prix d'argent ce que, suivant moi, l'on ne pouvait se dispenser de lui ac- corder par justice. « Ah ! oui, me dit- » il, si j'attendais la justice, le temps » de ma surveillance n'y suffirait pas. » Je doutais beaucoup que les honnêtes

7*

agens de Désodry fussent aussi prompts
qu'ils l'avaient promis, et je continuai
mes démarches.

Je m'étais trompé; on n'en était encore
qu'à me donner des espérances éloi-
gnées, lorsque Désodry entra dans ma
chambre transporté de joie, et m'annonça que ses bons amis lui avaient
obtenu sa radiation. Je dois l'avouer, je
ne pensai plus aux moyens par lesquels
il avait réussi, et qui m'avaient inspiré
de la répugnance; je ne fus sensible
qu'à son bonheur. « Eh bien ! me dit-il,
» avais-je tort de t'assurer qu'ils réus-
» siraient? Auraient-ils agi si vivement
» pour moi, s'ils n'avaient cru qu'en
» même temps ils agissaient pour eux?
» L'intérêt personnel, mon cher Aubin;
» voilà ce qui gouverne le monde. » —
« Allons, lui répondis-je, c'est une
» consolation que cet intérêt personnel
» qui fait commettre tant de mauvaises
» actions, en fasse quelquefois accom-

» plir de bonnes. » Le soir même, la belle madame de Saint-Alme eut un cachemire, et le bon ami Thibaut son droit de commission. Je retournai seul à Melun.

Désodry était aussi fier d'avoir réussi pour son argent, que s'il eût réussi par son génie. Ce succès si prompt avait monté son imagination ; il se persuada qu'avec de l'or, il parviendrait à gagner de l'or ; qu'avec des sacrifices, il ne pouvait manquer d'obtenir quelque place, ou quelque intérêt dans des entreprises lucratives. De plus, toujours accessible à l'envie de paraître et de briller, il crut qu'un grand moyen de parvenir était de se montrer comme n'ayant pas besoin de ce qu'il sollicitait. Enfin, avec sa nouvelle doctrine de chercher surtout à se rendre heureux, il résolut de passer ses jours dans les plaisirs et la dissipation, en attendant que de nouveaux moyens de fortune lui permissent de reprendre la vie fastueuse qu'il menait autrefois.

Bientôt, il eut la fantaisie de faire venir ses enfans. Par une fausse délicatesse, quoiqu'il m'eût toujours payé pour eux une pension, il lui semblait qu'en les laissant chez moi, ses enfans étaient à la charge d'autrui. Par amour-propre, il lui semblait fâcheux qu'un autre que lui veillât à leur éducation. Ce même amour-propre lui fit penser que ses enfans seraient bien mieux élevés par lui que par moi; il ne me regardait plus tout-à-fait comme un homme médiocre, mais il continuait de se regarder comme un homme supérieur. Quelle éducation pouvait recevoir sa fille dans la maison de sa sœur? Une éducation de ménage; mais la brillante éducation qui donne à une femme un rang et de la consistance dans le monde, ce n'est qu'à Paris qu'elle se trouve. Que pouvaient apprendre ses deux fils chez

un professeur de l'école centrale de
Seine-et-Marne? Leur langue, les lan-
gues anciennes, quelques principes
d'arts, de sciences et de morale ; mais
la science du monde, l'usage, la politesse, les grands principes de bonne
et sage conduite, ce n'est qu'à Paris,
sous ses yeux qu'ils pouvaient s'y former.

Avec quel chagrin ma femme et mes
enfans virent partir les enfans de Désodry ! La petite Évélina jurait à Paul
qu'elle ne cesserait jamais de l'aimer.
Ce fut Marguerite qui les conduisit à
Paris. Cette excellente femme, déjà
d'un assez grand âge, nous avait deman-
dé la permission de nous quitter pour
se retirer chez sa fille, qui avait épousé
un ouvrier ébéniste du faubourg Saint-
Antoine.

Désodry plein d'amour et de complaisance pour ses enfans, les garda huit jours

près de lui. Pendant ces huit jours, il
les promena dans Paris, les conduisit à
tous les spectacles, chez Velloni, à Tivoli,
à l'Élysée, à Idalie, où, dès ce temps-là
on donnait des fêtes magnifiques. Ces
enfans étaient bien jeunes encore lorsque de funestes débats avaient éclaté
entre leurs parens. L'éducation négli-
gée qu'ils avaient reçue dans leur première enfance, la mauvaise impression
que ces débats avaient faite sur eux n'a-
vaient pas laissé d'assez profondes traces
dans leurs âmes pour que nous ne fus-
sions pas bientôt parvenus à les effa-
cer ; mais hélas ! ces traces n'étaient
qu'effacées, elles n'étaient pas détrui-
tes ; et déjà les sentimens raisonna-
bles qu'ils devaient aux bons soins de
ma mère et de ma femme avaient souffert quelque altération, lorsqu'après
huit jours passés dans les plaisirs, Désodry fit entrer ses fils à l'ancien collége
de Louis-le-Grand, qu'on nommait alors

le Prytanée-Français , et plaça sa fille
dans un des brillans pensionnats qui
commencèrent à se former à cette
époque.

~~~~~~

CHAPITRE V.

Vie désœuvrée.

DÉSODRY n'avait plus assez de fortune
pour reprendre le train de maison qu'il
avait avant la révolution. Toutefois, il
lui en restait assez pour mener une vie
agréable ; mais il fit une dépense au-
dessus de ses moyens. Il aurait pu augmenter son revenu en exerçant un emploi quelconque, mais il ne voulait
qu'une grande et belle place. Il retrouva le petit appartement de garçon à la
Chaussée-d'Antin , qu'il avait occupé
dans les premiers temps de sa liaison
avec madame Derblay. C'est de là que,
vêtu avec élégance, les cheveux retrous-
sés en cadenettes et chargés de poudre,
faisant le jeune homme, quoiqu'il eût

quarante ans, il partait tous les matins pour solliciter les ministres et leurs secrétaires, visiter les agens d'affaires et les dames qui se mêlaient d'affaires. De tous ses anciens amis, beaucoup avaient disparu. Quand la faux d'une révolution seconde la faux du temps, que de vide on trouve après trois ans parmi les gens qu'on a connus ! Quelques-uns avaient fait fortune ; d'autres étaient parvenus à de hauts emplois ; c'est à ceux-là que Désodry faisait une cour assidue. Ses visites, ses sollicitations, ses démarches lui valurent de belles promesses.

Il imagina de donner des dîners ; non de grands dîners, mais de petits repas très-fins, très-recherchés. Comme il n'avait ni cave, ni cuisinier, il faisait venir les mets et les vins de chez un traiteur renommé. Ces dîners étaient une petite spéculation d'intérêt et de vanité. Il calculait que tel commis, tel secrétaire, tel agent invité par lui, ne pouvait se dispenser de lui être favorable. La conversation roulait sur les affaires publiques, sur la guerre, sur le gouvernement. On n'était plus patriote, mais on avait de grandes prétentions à la politique. Les victoires de nos armées avaient déjà inspiré l'amour de la gloire et des conquêtes. Désodry parlait d'un ton grave, prépondérant, capable; ses convives admiraient ses profondes connaissances, ses hautes vues et ses généreuses intentions. Au dessert, il ne manquait jamais de raconter tantôt avec emphase, tantôt avec une modestie bien apprêtée, tous les dangers qu'il avait courus pendant sa fuite, tous les malheurs qui l'avaient poursuivi pendant son émigration. On était touché de ses infortunes; on s'extasiait sur son courage; il savourait les éloges comme ses convives savouraient son vin; mais il n'en restait pas moins

saus place, bercé d'espérances, et ne
voyant aucune de ses espérances se
réaliser.

Bien reçu chez quelques hommes
puissans, il voulut aussi faire des affaires ; tout le monde en faisait. Mais
naturellement et habituellement généreux, malgré toute l'influence de sa
nouvelle doctrine, il avait payé sans
marchander les services qu'on lui avait
rendus, et il ne put se forcer à recevoir
un salaire pour ceux qu'il rendit. Il
s'avisa de jouer sur les fonds publics ;
il y perdit, il y gagna. Quand il perdait,
il ne diminuait pas sa dépense ; quand
il gagnait, il l'augmentait.

Il pensa de nouveau à se faire homme
de lettres : il avait retrouvé quelques
essais dramatiques qu'il avait crayonnés
dans sa jeunesse en sortant du séminaire. Il les revit, les corrigea ; il rassem-
bla quelques auteurs, quelques acteurs
pour leur lire ses ouvrages. Il avait

soin de faire précéder ses lectures d'un
repas excellent ; on ne manquait pas de
trouver ses pièces excellentes. Peut-être
était-on de bonne foi : comment trouver des défauts dans la tragédie , la co-
médie , le mélodrame ou le vaudeville'
d'un homme qui vient de vous verser
du Champagne ? Soit pour le mérite
réel de la pièce , soit par l'influence
des bons dîners qu'il avait donnés , un
de ses ouvrages fut reçu à l'un des
nombreux théâtres qui existaient alors.
C'était , je crois , un drame bien noir
qui devait attirer la foule. Que de châteaux en Espagne ! il calculait le produit des représentations à Paris et dans
les départemens, le produit de l'impression ; il calculait surtout la gloire ,
l'immense gloire qui allait rejaillir sur
son nom ; il se voyait riche et de l'Insti-
tut ; mais c'était en perspective. Bien
rarement, les comédiens se sont empres-
sés d'accomplir les rêves d'un auteur.

Fatigué de ne rien obtenir, Désodry eut des accès d'humeur et de tristesse ; puis, il fit le fier et le mécontent. Il disait qu'il ne voulait rien, qu'il ne cherchait rien, qu'il serait bien fâché qu'on lui offrît quelque chose ; et un moment après, il se plaignait avec amertume d'échouer dans toutes ses démarches.

C'était la fin du directoire : ce gouvernement qui, dès son origine, entouré d'ennemis, avait résisté tant bien que mal aux efforts tentés pour le renverser, et s'était maintenu au milieu de conspirations de toutes les couleurs, se voyait alors harcelé par vingt journaux qui, tous les matins et tous les soirs, lançaient contre lui les plus violentes épigrammes. Je ne sais si l'ancien patriote Désodry ne travailla pas, sous l'anonyme, à quelques-uns de ces journaux anti - républicains. Mais quelle mince ressource pour sa vaste ambition !

Au milieu de cette vie précaire, inutile et agitée, tout ce qu'il voyait autour de lui ne devait-il pas l'affermir dans son système, dans la pensée que chacun ne doit songer qu'à soi. Ce fut vraiment un temps de Saturnales que cette fin du directoire exécutif. Deux sentimens bien personnels semblaient agiter toutes les âmes : on voulait s'enrichir, on voulait s'amuser. Nous avions été si long-temps sevrés de plaisirs ! tant de fortunes avaient été déplacées! tant de jeunes gens avaient été détournés de l'état qu'ils auraient embrassé ! mais on ne voulait pas d'une petite fortune comme celle que nos pères amassaient avec le temps; il la fallait colossale et prompte, en peu d'années, en peu de mois. Les exemples ne manquaient pas : les besoins de l'état à qui les particuliers vendaient bien cher leur argent, l'agiotage, les brigandages sur les fournitures et les contributions imposées aux vaincus; que de sources où-

vertes à de nouvelles et rapides fortunes! et l'on était aussi impatient de dé-
penser que de gagner. On avait tant
souffert des révolutions qui avaient eu
lieu ! On craignait tant les révolutions
qui pouvaient survenir ! il semblait
qu'on n'eût à respirer qu'un instant ; il
semblait qu'on ne dût laisser personne
après soi. La précipitation et l'égoïsme
présidaient à toutes les actions des hommes. Quant à Désodry, fastueux et souvent aux expédiens, il faisait peu d'affaires, et il avait l'air de les dédaigner ;
il était oisif, et il faisait l'homme occupé ;
il était pauvre, et il se disait riche. Ce
fut ainsi qu'il parut à mes yeux dans un
voyage que je fis à Paris.

Il affecta de m'éblouir de son luxe ;
il me parlait avec dédain de ces places
qu'il poursuivait ; avec légèreté, de
cette fortune après laquelle il courait.
Il ne se vantait pas seulement de ses
grandes espérances, il se félicitait de

son sort actuel. Il alla jusqu'à m'offrir
de me prêter de l'argent. Je m'affligeais
de deviner sous ces apparences trompeuses, la gêne et les tourmens dont il
était dévoré; mais ce qui m'affligea
bien plus, ce fut le changement que je
crus remarquer dans ses enfans. Il en
coûtait beaucoup à Désodry pour leur
éducation, et cette éducation était plus
brillante que solide; elle les portait à
la vanité. Ils voyaient peu leur père;
quand ils le voyaient, ils le trouvaïent
distrait, préoccupé, tantôt affectueux,
tantôt presque insouciant. Leur amitié
pour ma famille et pour moi n'était
plus la même. J'avais cherché, pendant
l'émigration de leur père, à les garantir
d'être envieux du sort de mes enfans;
il y eut dans le ton qu'ils prirent avec
moi de l'indifférence, je dirai presque
de l'impertinence. Ils avaient l'air de
se croire au-dessus de nous. Alfred,
l'aîné des garçons, étourdi, altier, avait

une humeur turbulente et querelleuse ;
Gustave, le cadet, était plus tranquille,
mais il me sembla pédant et sournois ;
la petite Évelina était déjà coquette et
orgueilleuse ; je plaignais cette jeune
enfant, naguère si bonne et si aimable,
d'annoncer déjà quelques-uns des vices
brillans de sa mère. A peine daigna-t-
elle me demander des nouvelles de son
cousin Paul.

Désodry, fier et vain devant moi et
devant quelques amis, était obligé
de tenir avec d'autres un langage plus
humble. Il avait fait des dettes ; ses
créanciers le tourmentaient. Pour les
engager à la patience, il fallut qu'il se
fît à leurs yeux plus pauvre qu'il n'était.
Ses rentrées, disait-il, ne lui arrivaient
point ; il ne pouvait rien tirer de ses
fermiers ni de ses autres débiteurs. Ces
discours n'attendrirent pas ses créanciers. Un soir, en rentrant, il trouva
chez le portier un papier timbré à son

adresse. Quelle honte! voilà son portier
instruit de sa détresse ! et quel embar-
ras ! que faire? Il s'aimait trop lui-même
pour renoncer en faveur de ses créanciers aux douceurs, aux jouissances
auxquelles il s'était habitué. Il fallait
donc emprunter; mais à qui? Par vanité, pour ne pas avoir l'air de m'avoir
fait un mensonge, il n'osait s'adresser
à moi. Quelques jours après mon retour
à Melun, ma femme reçut une lettre
de son frère : il vantait à sa sœur,
ainsi qu'il l'avait fait avec moi, les
grandes affaires dont il était chargé;
il affirmait qu'il avait devant lui la plus
belle perspective, et il finissait par la
prier de lui prêter une assez forte somme,
à mon insu. Avec ses créanciers qu'il
ne pouvait payer, il se plaignait d'é-
prouver de la gêne; avec sa sœur, dont
il réclamait un emprunt, il faisait éta-
lage de ses ressources.

Ma femme n'a jamais eu de secrets

pour moi. Elle me montra la lettre en me faisant promettre de ne pas dire à son frère qu'elle me l'avait montrée. Nous fûmes bientôt d'accord ; elle fit passer à Désodry les fonds dont il avait besoin, et je fus censé tout ignorer.

Malgré ce secours momentané, en dépit de lui-même il fut obligé de réduire sa dépense. Il n'avait plus de luxe; il ne donnait plus à dîner. N'ayant point d'état, point de travail, ne sachant pas se faire une occupation, il fréquentait les cafés en vogue ; il visitait quelques amis ; il se promenait aux boulevards, aux Tuileries, sur les quais, et il portait chez ses amis, dans les cafés, dans les promenades, cet ennui inséparable d'un homme désœuvré.

L'exaltation de Désodry commençait à tomber : c'est ce qui arrive à beaucoup d'hommes qui ont été enthousiastes dans leur jeunesse. Fatigués d'une longue et inutile agitation, on les voit s'en-

gourdir, s'endormir dans l'égoïsme :
notre révolution en a offert plus d'un
exemple. Que de zélés patriotes dont le
feu s'est amorti! que de nobles, d'abord
si ardens pour leur cause, ont paisible-
ment transigé avec nos divers gouvernemens ! Désodry se réveillait parfois;
il s'enflammait au récit de nos grandes
batailles, il se sentait fier d'être Français ; mais des revers avaient succédé à
nos victoires, et son enthousiasme avait
cessé.

La France n'était pas heureuse : toutes nos brillantes conquêtes nous étaient
échappées ; nous étions de nouveau en
guerre avec toute l'Europe. Dans l'intérieur, les partis se déchiraient ; le gouvernement n'était ni assez fort, ni assez
uni, pour résister aux attaques qu'on
lui préparait ; on sentait que les choses
ne pouvaient rester dans l'état où elles
étaient. « De quoi sommes-nous mena-
» cés ? me disais-je. Est-ce d'une nou-

» velle anarchie ? Serons-nous la proie
» des étrangers ou d'un despote ? La-
» quelle des prédictions que m'a faites
» le docteur Thierry va se vérifier ? »

CHAPITRE VI.

La veille et les suites d'un grand jour.

Un matin, Désodry se dirigeait lentement vers les Tuileries par le quai
Voltaire, lorsqu'il vit un officier général, en grand uniforme, sortir au ga-
lop de la rue du Bac, traverser le pont,
et entrer à cheval dans les Tuileries.
Cela surprit Désodry et les autres pas-
sans ; cependant, il n'y avait pas de
bruit, pas d'attroupemens : chacun
continua tranquillement son chemin.

En entrant aux Tuileries, Désodry
fut étonné de voir un escadron de ca-
valerie rangé sur la terrasse en face du
château. Du reste, il y avait à peine les
curieux d'usage autour de l'escadron,
une vingtaine de personnes à peu près

qui, en silence, examinaient les soldats. Désodry s'approcha d'une vieille
femme du peuple, et lui demanda ce
que cela voulait dire. « Citoyen, lui
» répondit-elle, c'est le citoyen Bona-
» parte qui vient de se faire recevoir
» dictateur au conseil des anciens. »
Désodry s'imagine que la vieille femme
radote : il interroge différentes personnes ; on ne lui donne aucune réponse.
Après avoir attendu, observé quelque
temps comme les autres badauds dont
le nombre commençait à se grossir, il
sort du jardin par la petite rue du Dauphin : c'est là qu'il voit l'agitation com-
mencer, et une assez grande foule accourir. « Point de doute, se dit-il, il y
» a un coup d'état ou une conspiration ;
» il va y avoir une révolution : voilà
» encore une journée. » Comme il était
au coin de la rue Saint-Honoré, un cabriolet de place entrait dans la rue du
Dauphin : un homme, du fond du ca-

briolet, fouettait, pressait le mauvais
cheval qui le traînait. Désodry regarde
cet homme ;... il croit reconnaître ,... il
reconnaît... « Mon cher Duclair ! » s'é-
crie-t-il. A ce cri, Duclair, car c'était
lui, tire violemment les rênes de son
cheval ; au mouvement que fait le cheval, le cabriolet touche une borne à
gauche, et à droite heurte les seaux
d'un porteur d'eau qu'il manque de
renverser, et qui jure de bon cœur
contre les cabriolets. Plus prompt que
l'éclair, l'ancien avocat voyant que ce
n'est que Désodry qui l'arrête, fouette
de nouveau son cheval, qui trotte aussi
rapidement qu'il peut. Désodry était
resté confus à la place où il venait de
rencontrer son ami. «Duclair! se dit-il,
» Duclair à Paris ! et si pressé, si préoc-
» cupé, qu'il ne se donne pas le temps
» de me reconnaître ! Serait-il dans la
» conspiration? Allons, tâchons de nous
» informer... » Il traversa la rue Saint-

Honoré, fit le tour, et rentra aux Tuileries par le pont tournant.

Au même instant, il en voit sortir un homme agité, rouge, essoufflé, et marchant avec précipitation : c'était Duclair. Il l'arrête, veut lui exprimer le bonheur qu'il éprouve de le revoir. Duclair l'interrompt, et lui demande vivement ce qui se passe dans Paris. « Eh ! mais, » qu'est-ce qui se passe ? répond Déso- » dry ; c'est moi qui vous le demande. » Je ne sais rien. » — « Pardon, pardon » mon cher, reprend Duclair ; je suis » pressé. Voulez-vous m'en croire ? al- » lez dans le jardin, parcourez les grou- » pes, et criez bien fort, en excitant » les autres à crier : Vive le grand gé- » néral ! vive le général Bonaparte ! » Et Duclair continue rapidement sa marche. Désodry était resté près du pont tournant aussi confus qu'un quart d'heure auparavant dans la petite rue du Dauphin.

Cependant, la foule s'était considérablement grossie ; le peuple accourait de toutes parts. Désodry , comme les autres , interrogeait , répondait , racontait à celui qui le questionnait ce qu'il venait d'entendre dire à celui qu'il venait d'interroger : on faisait mille conjectures , mille récits contradictoires. Enfin le bruit se répand que le général va se transporter au conseil des cinq cents : par curiosité, il s'achemine vers le palais Bourbon.

Comme il arrive sur la place , il aperçoit de nouveau Duclair, M. l'avocat Duclair pérorant et faisant retentir sa voix de Stentor au milieu de cinq ou six personnes qui se plaignaient à lui de ce qu'on n'avait pas voulu les laisser entrer dans les tribunes. « Attendez , attendez , » leur dit Duclair d'un ton important, « voici des billets ; présentez-les, » et les portes s'ouvriront. » En même temps, il tire de sa poche des cartes qu'il

leur distribue. Désodry s'avance, en demande une. Duclair le regarde. «Oui,
» sans doute, mon cher Désodry ; je
» connais vos principes , et je sais qu'on
» peut compter sur vous. Entrez là-de-
» dans, applaudissez de toutes vos for-
» ces le général , et tout ce qui se dira
» en faveur du général : observez , et
» venez me rendre compte de ce que
» vous aurez vu. Voici mon adresse.
» Enchanté de vous avoir retrouvé dans
» une aussi glorieuse circonstance. —
» Mais enfin , lui dit Désodry , de quoi
» s'agit-il ? qu'est-ce qui se passe ? » —
« Ce qui se passe, mon cher! de quoi il
» s'agit ! Il s'agit de faire triompher
» enfin les idées libérales. » Et il quitte
Désodry aussi rapidement qu'il l'avait
quitté les deux premières fois.

« Les idées libérales ! » c'était pour la
première fois que ce mot frappait les
oreilles de Désodry. Je crois même que
ce fut pour la première fois qu'on l'en-

tendit prononcer en France : Désodry
monta dans les tribunes. A peine y
était-il placé, qu'en jetant les yeux sur
la salle, il aperçut dans un couloir de
droite Duclair causant vivement avec
plusieurs députés en costume. Un instant après, il le vit dans un couloir de
gauche, causant encore plus vivement
avec d'autres députés. Un instant après,
il le revit dans un autre couloir près le
bureau, priant un huissier de remettre
un billet au président. Désodry reconnut que l'âge n'avait fait rien perdre
à Duclair de son activité; il se multi-
pliait, et les yeux de Désodry le ren-
contraient partout comme à la fédération de 1790. Ce jour était la veille du
fameux 18 brumaire. Duclair, revenu
tout récemment d'Italie, avait été choisi
pour être un des agens de la journée.

Le soir, Désodry ne manqua pas de se
rendre chez Duclair : la nuit s'avançait
et Duclair ne rentrait pas. Les conspi-

rateurs ne dorment pas quand ils veulent; il était une heure du matin lorsqu'il parut; il était en nage. Que de
courses! que de peines! que de mal!
mais enfin tout allait bien, tout se préparait bien. Le peuple commençait à
ne plus se mêler des révolutions; et,
d'ailleurs, n'était-il pas enthousiaste du
général? Les troupes étaient sûres; la
journée devait être brillante et décisive.

Duclair était fort content d'avoir revu
Désodry. La rencontre serait très-heu-
reuse pour tous les deux. Cependant,
cet actif Duclair n'avait rien mangé depuis le matin; en avait-il eu le temps?
Il se fit servir à souper. Tout en sou-
pant, il confiait à Désodry ce qu'il savait de la généreuse conspiration à l'aide
de laquelle on se flattait de sauver la
France. Quelquefois, il avait l'air de
laisser échapper un secret, et il recom-
mandait à Désodry de garder le plus
profond silence. Quelquefois il avait

l'air de retenir le secret prêt à lui
échapper, et il disait avec gravité à Désodry qu'il y avait des choses qu'il ne
pouvait pas dire. Toujours, il terminait
ses phrases par l'éloge du grand général. Il vantait ses talens, son dévouement à la patrie, à la liberté, à la philosophie ; c'était un sauveur, un mes-
sie que Dieu nous envoyait. Duclair
raconta ce qui lui était arrivé depuis
leur séparation. Il avait essuyé bien
des malheurs; il en avait été dédom-
magé par bien des succès. Depuis peu
de jours, il était revenu d'Italie plus
riche qu'il n'était parti, mais surtout
riche en espérances. N'avait-il pas l'estime et la confiance du général ? C'était
le retour du général qui lui avait fait
hâter le sien. A son arrivée, il en avait
été parfaitement reçu; on avait daigné
l'initier dans ce qui allait se faire, et
un brillant horizon se déployait devant
lui; car bien certainement, il serait en

mesure de faire son chemin et d'être
utile à ses amis, surtout à de vieux et
bons amis comme son cher Désodry,
qui trouverait facilement dans le gouvernement qui allait s'établir, la place
qu'il avait vainement cherchée sous le
gouvernement qu'on allait détruire. En
prononçant ces mots, il l'embrassait,
il lui serrait les mains. Il demanda bientôt à Désodry des nouvelles de sa famille ; et, sans attendre que celui-ci
répondît, il lui apprit que lui aussi
était marié, marié à une femme char-
mante qu'il adorait ; que, pressé de se
présenter au général, il avait laissé à
Lyon sa femme qui avait été le joindre
en Italie ; que madame Duclair serait
sous peu de jours à Paris, et qu'il se faisait une fête de la présenter à son cher
Désodry. Mais il avait besoin de prendre
un peu de repos. Les deux amis se quit-
tèrent en convenant de partir ensem-

ble de bonne heure pour Saint-Cloud, où les conseils étaient convoqués.

Désodry avait été d'abord un admirateur passionné du vainqueur de l'Italie. Peu à peu, comme il arrive aux hommes qui se piquent d'une grande capacité, il était devenu tant soit peu frondeur et doutant du mérite du héros. Son enthousiasme revint tout entier, lorsqu'il eut retrouvé si heureusement son ami Duclair, Duclair qui était dans la confiance et dans l'intimité du grand général. On sait ce qui passa dans la séance de Saint-Cloud. S'il faut le dire, Désodry s'y montra le compère de Duclair, qui lui - même était employé comme compère. Quelques personnes vont peut-être me reprocher de parler trop légèrement d'une si grande journée. Oui, les résultats de cette journée ont été grands, importans, tour à tour glorieux et funestes; mais que de gens

n'ont vu dans le 18 brumaire qu'un véritable escamotage du corps législatif.

Désodry était tout fier d'avoir joué un
rôle dans cette grande journée. Il ou-
bliait que c'était le hasard qui l'avait
mené à jouer ce rôle ; il semblait qu'il
le dût à sa sagacité, à son génie. Je me
trouvai, deux jours après le 18 brumaire,
à Paris ; Melun est si près ! et déjà l'on
avait tant de facilités pour voyager !
Désodry me raconta en détail, avec
importance, avec une gravité diploma-
tique et qui me parut assez bouffonne,
tout ce qui lui était arrivé, et les grandes espérances dont il se berçait. Il avait
eu l'honneur d'être présenté la veille au
général, au milieu d'un groupe de deux
cents personnes. Avec quelle affabilité
il en avait été reçu ! « Quel tact ! quel
» coup d'œil ! me disait-il. Comme il
» sait apprécier les hommes ! Entre
» nous, ajouta-t-il en redoublant de gra-
» vité et de mystère, personne ne peut

» encore présumer ce qu'il médite. Se
» fera-t-il le premier magistrat de no-
» tre république ? Nous rendra-t-il...?
» Voudra-t-il rappeler....? Ou songera-
» t-il pour lui-même....? car enfin, qui
» peut prévoir les événemens ?» — « En
» effet, répondis-je fort troublé, qui
» peut prévoir ? » — « Mais c'en est fait,
» reprit Désodry, je m'attache à son
» sort. C'est un héros philosophe qui ne
» peut que nous bien conduire.... Heu-
» reux, bien heureux ceux qui, comme
» Duclair et comme moi, sont en mesure
» de se montrer près de lui affectionnés,
» dévoués, disposés à tout faire. Tu en-
» tends bien que ce n'est pas pour moi
» que je parle ainsi. Eh ! mon Dieu !
» que m'importent les honneurs, la for-
» tune! Si j'y songe, c'est pour mes en-
» fans. Quel bel avenir pour mes fils,
» pour ma fille !» De l'éloge du général,
Désodry passa tout naturellement à l'é-
loge de Duclair. « Quel ami! quelle belle

» âme ! quel homme obligeant et géné-
» reux ! »

J'écoutais Désodry, assailli de mille
réflexions. « Ils prétendent avoir agi
» pour le bonheur de la France, me
» disais-je, et je les vois déjà ne s'occu-
» per que d'eux ! et celui-ci qui place
» la source de la vertu dans l'amour de
» soi, le voilà déjà tellement poussé à
» l'égoïsme qu'il en rougit, et qu'il cher-
» che à le déguiser sous les couleurs de
» l'amour paternel ! et il est obligé de
» rendre hommage aux sentimens de
» bienveillance qui doivent exister en-
» tre les hommes, en me vantant l'obli-
» geance d'un ami dont il attend des
» services. » J'étais tenté de commu-
niquer mes observations à Désodry ;
je l'aurais affligé, irrité sans le con-
vaincre ; je gardai le silence.

Désodry voulut absolument me mener déjeuner chez son ami Duclair. Depuis deux jours, il y avait là une espèce

de petite cour. Duclair était bien aisé
de se donner un air d'affabilité, de po-
pularité. A l'heure du déjeuner, il
voyait accourir une foule d'anciens et
de nouveaux amis tous bien dévoués,
tous convoitant quelque faveur. Je n'eus
qu'à me louer de son accueil; mais je
fus frappé du ton protecteur que déjà
prenait avec moi cet homme que j'avais
vu petit avocat cherchant des causes,
petit journaliste quêtant des articles.

Après le déjeuner, Duclair nous proposa de nous présenter à sa femme qui
était arrivée de la veille. Oh! pour le
coup, ma surprise fut au comble! Qui
croirait-on que je reconnus dans madame Duclair? mademoiselle Suzette
Pinson, cette petite grisette dont le cher
Duclair avait fait la connaissance en
traînant la brouette au Champ-de-Mars,
en 1790. Après avoir aimé, trompé,
oublié, retrouvé l'ancien avocat, mademoiselle Pinson avait eu le talent de se

faire épouser. Désodry était aussi étonné que moi. Après beaucoup d'hésita-
tions, et en rougissant comme dans sa
jeunesse, il demanda des nouvelles de
la sœur de mademoiselle Suzette. Madame Duclair rougit à son tour ; puis,
prenant un ton de sensibilité, elle nous
apprit qu'elle avait eu le malheur de
perdre sa sœur. Cette petite fille que
j'avais vue si gauche, si niaise et un peu
sournoise, ne paraissait déjà ni embar-
rassée ni déplacée dans son nouveau
rôle. Déjà elle prononçait sur les spectacles, la musique, les acteurs et les
chanteurs à la mode : les femmes ont
un art qui n'appartient qu'à elles pour
prendre avec naturel le ton qui convient
à leur position. Elle était encore jeune,
fort jolie ; on voyait que, si jamais l'occasion lui en était offerte, mademoiselle
Suzette jouerait à merveille le rôle d'une
femme de qualité.

CHAPITRE VII.

Espérances, succès, dépit de Désodry.

O vous, nombreux admirateurs de
l'homme que les circonstances et la
force de sa volonté ont fait régner sur
la France, dont les destinées ont exercé
tant d'influence sur la patrie et sur nos
destinées individuelles, je ne conteste
pas ses étonnantes qualités, son vaste
génie : il fut un grand général, un habile et glorieux administrateur; mais
il fut le destructeur de nos libertés ! A
dater de l'époque où je suis arrivé, ce
ne sont plus les annales d'une nation,
c'est la vie d'un seul que les historiens
auront à raconter. Ne devons-nous pas
gémir sur lui - même et sur nous ! Il

ne tenait qu'à lui d'être un grand homme ; il a voulu se faire empereur.

Désodry, comme tous ceux qui avaient figuré dans les événemens du 18 brumaire, en attendait des récompenses, comptait sur de grands emplois. Duclair fut magnifiquement récompensé. Il obtint des places, des missions importantes ; son activité, son dévouement, son esprit, ses talens, pouvaient être utiles. On ne fit rien encore pour Désodry.

Toutefois, sa liaison nouvelle avec Duclair ne lui fut pas inutile. Ce Duclair, un peu initié dans les secrets, et s'attachant à deviner ceux qu'on ne voulait pas lui confier, s'avisa de spéculer sur les fonds publics. Comme il savait des choses que les autres ignoraient, il joua presqu'à coup sûr, et gagna des sommes énormes. Il se servait de Désodry pour courtier ; le courtier, jouant pour son propre compte, gagna aussi beaucoup d'argent. Ce fut un grand bonheur pour Désodry qui, aimant toujours le faste et toutes les aisances de la vie, put satisfaire ses goûts sans contracter de nouvelles dettes, et même, en payant les anciennes. Ce fut aussi un grand bonheur pour Duclair, qui était un véritable bourreau d'argent, et qui se voyait merveilleusement secondé dans son amour de la dépense par madame, devenue élégante et petite-maîtresse. On prétend que Duclair trouva un autre moyen d'acquérir une grande fortune; qu'il tira parti adroitement des faveurs qu'il pouvait faire obtenir; que madame le secondait encore dans cet honorable trafic, ou plutôt qu'elle trafiquait de son côté. Je n'ose l'affirmer, mais je n'oserais pas le nier.

Le nouveau gouvernement s'organisait, augmentait de force et d'énergie. On se pressait autour de lui pour avoir des places; beaucoup en obtenaient, et Désodry semblait oublié. Quelle humiliation! Il en conçut du dépit et de l'envie. Tantôt, il voyait placer d'anciens patriotes. « Eh quoi! disait-il, des ja-» cobins! » Tantôt on appelait aux emplois d'anciens nobles. « Eh quoi! disait-» il, des émigrés! » Son ami Duclair montait, montait rapidement; et lui aussi se plaignait. Dans ses entretiens confidentiels avec Désodry, il trouvait qu'on ne faisait pas encore assez pour lui : cela ne l'empêchait pas de se montrer empressé, soumis, dévoué. De son côté, Désodry, dans quelques entretiens confidentiels avec d'autres amis, accusait Duclair d'insouciance, même d'ingratitude : cela ne l'empêchait pas de se montrer empressé, soumis, dévoué à son ami Duclair.

Désodry avait vu revenir avec une satisfaction puérile le luxe des équipages, des chevaux, des valets, les bals de l'Opéra et les masques dans les rues.

« Ah! disait-il, voilà le bonheur qui re-
» naît pour la France ; mais moi!.... »

Des années s'écoulèrent. Enfin, un
soir, Duclair dit mystérieusement à Désodry qu'il avait une grande confidence
à lui faire, et qu'on avait jeté les yeux
sur lui pour une négociation aussi importante que délicate. Désodry enchanté pressa Duclair de parler. « Ve-
» nez me voir demain matin, lui dit
» celui-ci, ma porte sera fermée pour
» tout le monde, et nous pourrons cau-
» ser en liberté. » Désodry protesta de
son zèle, de son dévouement, et promit
d'être exact au rendez-vous.

« Ah! m'y voilà donc enfin, se disait-
» il! on m'a fait attendre, mais le mo-
» ment de ma gloire est arrivé. » Il ne
put fermer l'œil de la nuit ; il la passa
toute entière à bâtir les plus beaux châteaux en Espagne, à se bercer des plus
riantes espérances. Point de doute ; on
va l'appeler à quelque fonction diplo-

matique ou de haute administration; il
va pouvoir enfin déployer toute sa capacité, toute la noblesse de ses sentimens, toute la fermeté de son caractère.

Long-temps avant l'heure indiquée,
il était chez Duclair, palpitant d'espoir
et de curiosité. « Je vous le répète, mon
» cher; lui dit son ami, la mission qu'on
» veut vous confier est importante, dé-
» licate, et doit être accomplie dans le
» plus grand secret. » — Ah ! parlez, et
» comptez sur ma discrétion. Que je
» suis glorieux de la confiance qu'on
» veut bien avoir en moi! » Prenant
déjà la gravité d'un homme d'état, plein
d'impatience, de recueillement et d'attention, il attendait les paroles qui al-
laient sortir de la bouche de Duclair.
Celui-ci s'expliqua.

Le tribunat causait beaucoup d'humeur au premier consul. On peut dire
que sa résistance fut le dernier soupir
de la liberté. On craignait que l'accep-

tation du concordat n'y souffrît de grandes difficultés. Il s'agissait de gagner
quelques tribuns qui faisaient les rigides, mais qu'on supposait cependant
assez flexibles; il s'agissait d'employer
auprès d'eux les flatteries, les promesses,
les séductions. On avait besoin d'un in-
termédiaire adroit, sûr, dévoué, qui
portât les premières paroles, qui don-
nât des espérances à ceux qui avaient de
l'ambition, qui fît naître l'ambition
chez ceux qui n'en avaient pas ; et l'on
avait choisi Désodry.

Le discours de Duclair avait considérablement rabattu les fumées d'amour-
propre de Désodry. Malgré toute son
envie de parvenir, toute son amitié
pour Duclair, tout son respect pour le
premier consul, au nom duquel on lui
parlait, il se sentait humilié qu'on eût
pensé à lui pour une pareille fonction.
Il se croyait digne d'un emploi plus honorable que celui de marchander des con-

sciences. Toutefois, il se garda d'inter-
rompre Duclair, se réservant d'exposer
à la fin du discours ses scrupules et ses
répugnances. Duclair, tout en ayant
l'air de parler fort négligemment à Désodry de son propre intérêt, lui dévelop-
pa bien en détail tous les avantages qui
résulteraient pour lui de l'accomplissement d'une pareille mission, les droits
qu'il allait s'acquérir à la bienveillance,
à la reconnaissance du premier magistrat de la république. Ce mot de premier magistrat de la république conduisit Duclair à mettre sous les yeux de
Désodry des considérations majeures
d'intérêt général. « La pureté du motif
» ennoblissait l'action. Qu'on devait se
» trouver honoré d'aider un grand hom-
» me à fermer les plaies encore saignan-
» tes de l'état, à purifier la révolution,
» à consolider le régime des idées libé-
» rales ! C'était servir à la fois le consul
» et la république, soi-même et ses con-

» citoyens. » Désodry s'enflamma. Il était tout étonné d'avoir éprouvé quelques scrupules pour une mission si belle, si patriotique. Il reçut les instructions de Duclair, et sur-le-champ il s'occupa de les remplir avec une grande activité.

Les considérations qu'on avait fait valoir auprès de lui furent employées par lui-même auprès des tribuns qu'il était chargé de gagner. En leur parlant, il mêlait adroitement l'amour de la patrie, les promesses et même quelques menaces indirectes. « Certes, disait-il, » le consul est un véritable amant de » la liberté ; mais il faut faire ce qu'il » veut, ou on l'irritera ; et alors, où » en sommes-nous? » On sait que le concordat fut adopté par le tribunat, à une grande majorité.

Les tribuns convertis par Désodry furent nommés préfets ou receveurs-généraux, ou directeurs des contribu-

tions ;... et rien encore pour Désodry !
Des hommes chargés de fonctions publiques qui font ce qu'on désire ! il faut
bien vite les récompenser ; mais des
agens subalternes, sans importance personnelle ! ils peuvent attendre.

Désodry gémissait, s'emportait, se
plaignait de l'oubli où on le laissait.
« Eh ! quoi, disait-il, après ce que j'ai
» fait, ce que j'ai fait malgré moi, et
» en surmontant mes premiers scru-
» pules.... ! »

Le bon Duclair cherchait à consoler
son ami ; il l'encourageait, il lui prê-
chait la patience ; et quelquefois il avait
la cruauté de le persifler. « Allons, al-
» lons, lui dit-il un jour, ne vous dé-
» solez pas. Qui sait ce qui s'apprête ?
» Un empereur a plus de moyens de
» récompense qu'un premier consul. »
A ces mots, le républicain Désodry
tressaillit d'espérance et de joie. Il me
rapporta les paroles de son ami Duclair :

« Eh bien ! mon cher Aubin, ajouta-t-
» il, qui nous aurait dit, il y a peu de
» mois encore, que nous aurions les
» opinions.... que nous allons avoir ? »

FIN DU TROISIÈME VOLUME.

TABLE

DES

CHAPITRES DU TROISIÈME VOLUME.

SUITE DE LA SECONDE PARTIE.

LIVRE III.

TROISIÈME PARTIE.

LIVRE PREMIER.

9*

FIN DE LA TABLE.

NOUVEAUTÉS.

DON ALONZO ou L'ESPAGNE, HISTOIRE CONTEMPO-
RAINE, par M. DE SALVANDY. 4 vol. in-8°. Prix : 24 fr.

TABLEAU DE L'INTÉRIEUR DES PRISONS, ou Études r
les Souffrances morales des prisonniers ou conda... 1 vol.
in-8°. Prix : 4 fr.

MÉMOIRES SUR LA REINE MARIE-ANTOINETTE DE
FRANCE, avec des anecdotes sur la cour, par Mme. CAMPAN,
5e édition. 4 vol. in-12, ornés de portraits. Prix : 12 fr.

MÉMOIRES SUR LA VENDÉE, par Mme. de BOSCHAMPS ; 2e édition, ornée de gravures. 1 vol. in-12. Prix : 3 fr.

LETTRES DE DEUX AMIES, élèves à Écouen, par Mme. CAM-
PAN. 1 vol. in-12, avec gravures. Prix : 3 fr.

PIÈCES HISTORIQUES ET INÉDITES, sur le procès du
duc d'Enghien. In-8°., avec portrait. Prix : 2 fr. 50 c.

COLLECTION DES MÉMOIRES SUR LA RÉVOLUTION :
14e. livraison, comprenant les Mémoires sur la guerre civile de
la Vendée, ceux de Mme. de SAPINAUD, ceux de MELLANT,
le tome 4e. de DUMOURIEZ. 2 vol. in-8°.

Souscription. Prix : 11 fr.

ESQUISSES HISTORIQUES DE LA RÉVOLUTION FRAN-
ÇAISE depuis la convocation des états généraux ; par ....
12 livraisons de parues, formant 2 vol. in-8°., ornés de 36 gravures. Prix : 3 fr. la livraison. (On continue à souscrire.)

HISTOIRE CIVILE, PHYSIQUE ET MORALE DE PARIS,
depuis les premiers temps historiques jusqu'à nos jours ; par
DULAURE. 12 livraisons parues. Prix : 3 fr. 75 c.

COLLECTION DES PORTRAITS DES PERSONNAGES LES
PLUS CÉLÈBRES DE LA RÉVOLUTION FRANÇAISE et
fac-similé de leur écriture, avec les caricatures les plus pi-
quantes et les plus remarquables de l'époque. Faisa..... la
collection des Mémoires.

Il a déjà paru 8 livraisons. Prix : 3 fr. 50 pour les souscript...

IMPRIMERIE DE PAIN, PLACE DE L'ODÉON.

www.ingramcontent.com/pod-product-compliance
Lightning Source LLC
Chambersburg PA
CBHW071935090426
42740CB00011B/1717